T0198930

essentials

essentials liefern aktuelles Wissen in konzentrierter Form. Die Essenz dessen, worauf es als „State-of-the-Art" in der gegenwärtigen Fachdiskussion oder in der Praxis ankommt. *essentials* informieren schnell, unkompliziert und verständlich

- als Einführung in ein aktuelles Thema aus Ihrem Fachgebiet
- als Einstieg in ein für Sie noch unbekanntes Themenfeld
- als Einblick, um zum Thema mitreden zu können

Die Bücher in elektronischer und gedruckter Form bringen das Expertenwissen von Springer-Fachautoren kompakt zur Darstellung. Sie sind besonders für die Nutzung als eBook auf Tablet-PCs, eBook-Readern und Smartphones geeignet. *essentials:* Wissensbausteine aus den Wirtschafts-, Sozial- und Geisteswissenschaften, aus Technik und Naturwissenschaften sowie aus Medizin, Psychologie und Gesundheitsberufen. Von renommierten Autoren aller Springer-Verlagsmarken.

Weitere Bände in der Reihe http://www.springer.com/series/13088

Annika Beifuss · Ulrich Holzbaur

Projektmanagement für Studierende

Strategie und Methode für ein erfolgreiches Studium

2. Auflage

Springer Gabler

Annika Beifuss
Schwäbisch Gmünd, Deutschland

Ulrich Holzbaur
Aalen, Deutschland

ISSN 2197-6708   ISSN 2197-6716   (electronic)
essentials
ISBN 978-3-658-32663-0   ISBN 978-3-658-32664-7   (eBook)
https://doi.org/10.1007/978-3-658-32664-7

Die Deutsche Nationalbibliothek verzeichnet diese Publikation in der Deutschen Nationalbibliografie; detaillierte bibliografische Daten sind im Internet über http://dnb.d-nb.de abrufbar.

Planung/Lektorat: Ulrike Lörcher
Springer Gabler ist ein Imprint der eingetragenen Gesellschaft Springer Fachmedien Wiesbaden GmbH und ist ein Teil von Springer Nature.
Die Anschrift der Gesellschaft ist: Abraham-Lincoln-Str. 46, 65189 Wiesbaden, Germany

Was Sie in diesem *essential* finden können

- Wie man Projektmanagement im Studium nutzen kann
- Wichtige Einsatzbereiche von Projektmanagement im Studium
- Wie man Projektmanagement im Studium lernen kann
- Eine Hinführung zu systematischer Projektplanung, Organisation, Projektdurchführung, Überwachung, Steuerung und Projektabschluss
- Hinweise zur Anwendung in akademischen Projekten, Prüfungen und bei der Eventplanung

Die Vielfalt der Projekte

Inhaltsverzeichnis

1	**Projekte im Studium**	1
1.1	Projekt	2
1.2	Projektdreieck	3
1.3	Projektziel	5
1.4	Projektmanagement und Projektteam	7

Teil I Projektmanagement in den Projektphasen

2	**Projektfindung und Stakeholdermanagement**	11
2.1	Projektfindung	11
2.2	Projektdefinition und Ziel	11
2.3	Ziel und Aufgabe	13
2.4	Rahmenbedingungen	14
2.5	Stakeholder und Anforderungen	16
2.6	Risikomanagement	18
3	**Projektplanung und Organisation**	21
3.1	Projektdreieck	21
3.2	Arbeitsstrukturplan und Ressourcen	22
3.3	Zeitplanung	27
3.4	Projektorganisation	31
3.5	Projektkultur	35
4	**Projektcontrolling**	39
4.1	Terminüberwachung	40
4.2	Ressourcencontrolling	41
4.3	Stakeholder und Monitoring	42
4.4	Projektsteuerung	43

5   Projektabschluss 47
   5.1   Abschlussarbeiten und Ergebnissicherung 47
   5.2   Bedenke das Ende 48

Teil II   Spezielle Projekttypen

6   Lehrveranstaltungsprojekte 53
   6.1   Ziel: Vision und Deliverable Items (Produkt) 53
   6.2   Vielfalt der Lehrprojekte 54
   6.3   Vorbereitete Projekte 54
   6.4   Aufwand von Vorlesungsprojekten 57
   6.5   Präsentationen im Projekt 57

7   Wissenschaftliche Arbeiten 59
   7.1   Projekt wissenschaftliche Arbeit 60
   7.2   Wissenschaftliche Arbeitstechnik 62
   7.3   Publikation 67

8   Entwicklungsprojekte 71
   8.1   Entwicklungsphasen 71
   8.2   V-Modell 73
   8.3   Prüfen und Testen 74
   8.4   Dokumentation 74

9   Präsentationen und andere Events 77
   9.1   Hochschulveranstaltungen 77
   9.2   Eventmanagement 79
   9.3   Das perfekte Event 82
   9.4   Präsentation als Event 83

10   Prüfungen 87
   10.1   Prüfungsvorbereitung 87
   10.2   Zeitplan 89
   10.3   Präsentation als Prüfungsleistung 90

Literatur 95

Projekte im Studium

1

> Wir beschäftigen uns zunächst mit der Bedeutung von Projekten als
> Objekt und Methode des Studiums.

Das ganze Studium ist ein Projekt (Abb. 1.1) – mit dem Ziel von Kompeten-
zerwerb und erfolgreichem Abschluss und dem Einsatz von etwa fünf Jahren
Lebenszeit. Trotzdem lernen Studierende – wenn überhaupt – Projektmanagement
häufig als einen Stoff, so wie Thermodynamik oder altgriechische Grammatik.
Durch die wachsende Bedeutung von Projekten im Beruf und in der Wissenschaft werden Projekte auch als Lehrinhalt immer wichtiger. Gleichzeitig setzt
sich die Erkenntnis durch, dass die Projektmethode für den Wissens- und Kom-
petenzerwerb hervorragend geeignet ist. Damit werden Lehrprojekte als Methode
immer breiter eingesetzt. Die Aufgabe besteht nicht nur im Erstellen von Präsentationen, sondern Projekte sollen konkrete Ergebnisse erzielen, damit das dadurch
erworbene Wissen fundierter ist.

Zum Erzielen von Ergebnissen in Betrieb, in Lehre und Forschung an der
Hochschule braucht man Projekte. Von der studentischen Hilfskraft bis zum
Professor arbeitet man an der Hochschule projektorientiert: mit klaren Zielen,
begrenzten Ressourcen und knappen Terminvorgaben.

Nicht zuletzt ist die Projektmethode hilfreich, um Prüfungen aller Art zu bestehen und – auch das gehört zum Studium – Veranstaltungen zu organisieren. Viele
andere Aufgaben, mit denen Studierende konfrontiert werden, können durch die
Projektmethode leichter, effizienter, risikoärmer und erfolgreicher abgeschlossen
werden. Vom Umzug bis zur Berufswahl müssen im Studium viele Aufgaben

© Der/die Autor(en), exklusiv lizenziert durch Springer Fachmedien Wiesbaden   1
GmbH, ein Teil von Springer Nature 2020
A. Beifuss und U. Holzbaur, *Projektmanagement für Studierende*, essentials,
https://doi.org/10.1007/978-3-658-32664-7_1

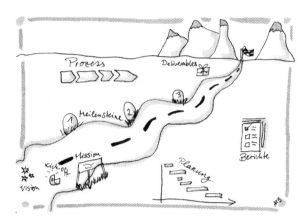

Abb. 1.1 Studium und Projekt

mit begrenzten Ressourcen und in kurzer Zeit abgeschlossen werden, um selbst gesetzte Ziele zu erreichen.

1.1 Projekt

▶ Ein Projekt ist eine abgeschlossene einmalige Aufgabe, die nicht im Rahmen der Routineorganisation durchgeführt werden kann.

Die folgende Definition (Hachtel und Holzbaur 2010) orientiert sich an der Normenreihe DIN 69901:

Ein Projekt ist ein Vorhaben, das im Wesentlichen durch Einmaligkeit der Bedingungen in ihrer Gesamtheit gekennzeichnet ist wie z. B.

- Zielvorgaben
- zeitliche, personelle oder andere Begrenzungen
- Abgrenzung gegen andere Vorhaben
- projektspezifische Organisation (Aufbauorganisation Team, Ablauforganisation, Nicht-Routine).
- Wesentliche Faktoren sind Neuartigkeit, Komplexität und Unsicherheit.

Im Studium werden Projekte aus eigenem Interesse initiiert oder durch den Studienbetrieb vorgegeben. Letztere können in der Studien-Prüfungsordnung verankert sein oder einem Ziel im Rahmen des Studiums dienen. Grob gesagt gilt damit:

- Zielvorgaben kommen durch die Aufgabenstellung (Projektziel). Ein wichtiges Ziel ist im Allgemeinen auch das Erreichen einer bestimmten Note.
- Der Ressourceneinsatz orientiert sich auch an den Vorgaben der Studien- und Prüfungsordnung.
- Termine ergeben sich häufig durch die Anforderungen des Studiums (Prüfungstermine, Abgabe von Leistungsnachweisen).

1.2 Projektdreieck

Neuartigkeit, Komplexität und Unsicherheit beziehen sich auf die drei Kernfaktoren des Projektmanagements (Projektdreieck Abb. 1.2):

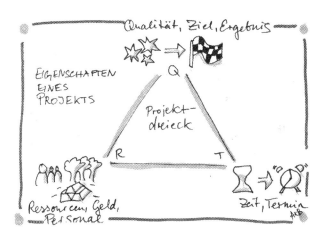

Abb. 1.2 Projektdreieck

▷ **Das Projektdreieck wird durch die drei Ecken gebildet:**

- Ergebnis (Qualität, Projektziel)
- Ressourcen (Mittel und Wege zur Zielerreichung)
- Termine (Zieltermin, Verlässlichkeit)

Die Prüfungsvorbereitung ist ein Projekt:

- Mit dem Ziel geht es los: Wozu mache ich diese Prüfung? Was will ich erreichen: als Optimum (Vision) und als Minimum (eigenes Erfolgskriterium)? Welche Note will ich erreichen?
- Wieviel Arbeitszeit (Stunden) kann ich investieren? Was bin ich bereit, für Materialien und Unterstützung zu bezahlen?
- Wann muss ich zur Prüfung antreten? Anmelde- und Rücktrittstermine?◄

Etwas detaillierter betrachtet sind die Determinanten des in Abb. 1.2 skizzierten Projektdreiecks:

- Qualität, Ergebnis (qualitativ und quantitativ)
  - Ziele: Endprodukt, Projektergebnis
  - Wertschöpfung: positiver Beitrag des Projekts
  - Qualität: Maß der Zielerreichung, Produktqualität
- Ressourcen
  - Geld: Kosten für die Ressourcen am freien Markt oder aus der internen Kostenrechnung
  - Zeit: Arbeitszeit, Produkt aus Personal und Zeit
  - Hardware, Software, Infrastruktur
  - Personal: Ausbildung, Kenntnisse, Motivation, Verfügbarkeit
- Termin
  - Zeit: Kalenderzeit (Monate, Tage)
  - Termineinhaltung: Exaktheit, Wahrscheinlichkeit der Terminüberschreitung

Im Allgemeinen kann keine Ecke des Projektdreiecks für sich geändert werden; mindestens eine weitere wird durch die Änderung beeinflusst. Damit wird das Projektdreieck zum wichtigen Werkzeug für eine ganzheitliche Sicht auf das Projekt.

Das Projektdreieck wird berücksichtigt bei

- Planung: Keine Ecke kann alleine geplant werden.
- Controlling: Überwachung macht nur Sinn, wenn die Relation der Ecken beachtet wird.
- Steuerung: Eingriffe müssen alle Ecken berücksichtigen.

1.3 Projektziel

▶ Das Wichtigste am Projekt ist das Ziel.

Häufig ist bei Projekten vor allem eines sichtbar: die knappe Zeit und der Termindruck, gegeben durch den festen Endtermin in Relation zur gegebenen Aufgabe. Im Hochschulbereich stehen bei Lehrprojekten häufig noch die Ressourcen im Vordergrund, da unterschiedliche Aufgaben im Rahmen des Studiums um die studentische Arbeitszeit (Workload) konkurrieren. Beide Zeitaspekte haben ihren Ursprung aber in der Zielsetzung des Projekts (Abb. 1.3).

Abb. 1.3 Projektziel: nur wer das Ziel kennt, findet den Weg

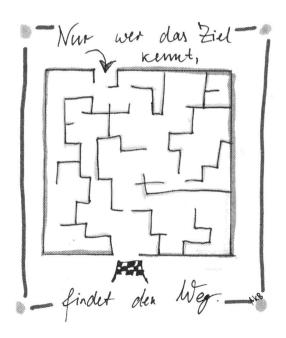

Das Wichtigste bei einem Projekt ist das Ergebnis, schließlich wird das Projekt deshalb durchgeführt. Am Anfang des Projekts steht also die Frage nach der Projektvision, dem eigentlichen Ziel des Projekts. Hilfreich ist, diese Vision in Form eines zukünftigen Zustands (z. B. in Form einer fiktiven Pressemitteilung) zu formulieren und mit dem Team zu besprechen.

Beispiel

Im Rahmen eines Lehrprojekts bekommen die Studierenden die Aufgabe, eine Konzeption für den Außenbereich der Hochschule zu erstellen. Dazu formulieren sie die zukünftige Vision folgendermaßen:

Studenten planen „Grüne Hochschule"

Dass sich Biodiversität, Spaß und Lernen nicht ausschließen müssen, hat ein studentisches Projekt aufgezeigt. Das Team hat zunächst 350 Studierende und jeweils 60 ProfessorInnen und MitarbeiterInnen befragt und dann den gesamten Außenbereich der Hochschule so aufgeplant, dass neben Bereichen zum Lernen und Relaxen naturnahe Gehölze und ein Beachvolleyballfeld Platz haben. Durch eine geschickte Strukturierung und die Ausnutzung der Topographie wurden Räume für unterschiedliche Aktivitäten geschaffen. Der Rektor lobte die Planung und versprach eine schnelle Umsetzung. ◄

Beim Ziel muss differenziert werden zwischen der konkretisierten Vision (Optimum, perfektes Ergebnis, Note 1) und den Kriterien für ein Bestehen (Minimum, pass, „4 gewinnt").

Ziele sollen SMART formuliert werden, das Acronym steht dabei für

S   – spezifisch: Ziele sollten so präzise wie möglich formuliert sein.
M   – messbar: Die Ziele sollten konkrete Zahlen beinhalten (Messbarkeitskriterien).
A   – attraktiv und aktionsorientiert: Die Ziele sollten für die Person sowohl erstrebenswert als auch also erreichbar („attainable"). Das „A" steht in manchen SMART-Versionen für „As if now" (wie bereits erreicht), d. h. man überlegt sich, was bei Erreichen des Ziels in der Zeitung stehen würde.
R   – realistisch: Gesteckte Ziele müssen möglich und realisierbar sein.
T   – terminiert: Ziele müssen mit einem fixen Datum festgelegt werden können.

Als zweiter Zielaspekt ist das gesamte Projektdreieck zu betrachten. Termine sind teilweise durch Prüfungsordnungen vorgegeben, Ressourcen an Geld (Budget), und Zeit (Personenstunden, Workload) durch die Menge anderer Aufgaben beschränkt.

Bei Lehrprojekten müssen wir zwischen verschiedenen Zielaspekten des Projekts unterscheiden:

- Projektergebnis als Zielkomponente des Projektdreiecks: Hier steht die Vision (Zielsetzung) als zukünftiger Zustand, erwartetes Ergebnis oder Erkenntnis im Vordergrund. Ziele müssen aus Sicht aller Anforderungsgruppen (Stakeholder) betrachtet werden.
- Projektergebnis in Form der zu erstellenden und abzugebenden Produkte (deliverable items) z. B. in Form von Dokumenten.
- Note als Projektergebnis: Für die Teammitglieder ist die zu erreichende Note ebenfalls eine Komponente des Projektziels.
- Projektergebnis im Projektdreieck mit Berücksichtigung der Termine (Prüfungsordnung) und Ressourcen (Budget, Workload).
- Didaktisches Ziel des Projekts: Vermittlung von Wissen und von Fach-, Methoden- und Sozialkompetenz.

1.4   Projektmanagement und Projektteam

≫Projektmanagement ist das systematische Vorgehen bei der Abwicklung und Leitung von Projekten.

Dieses Ziel kann nur erreicht werden, wenn

- die KommilitonInnen im Team fähig und motiviert sind,
- die Ressourcen ausreichen und
- das Projekt richtig geführt wird.

Projekte zu managen bedeutet:

- Ziele und Visionen mit den Stakeholdern (siehe unten) zu klären und das Projekt zu definieren,
- die einmaligen Aufgaben zu definieren, zu planen, abzuschätzen und zu organisieren,
- diese Aufgaben im Team zielgerichtet durchzuführen und mit den Beteiligten zu kommunizieren,

- die Aufgabenerfüllung zu überwachen und die Zielerreichung sicherzustellen und
- das Projekt erfolgreich abzuschließen und zur Zufriedenheit aller zu beendigen.

Verschiedene Soft Skills werden im Projektmanagement besonders benötigt:

- kritisches Denken
- kreative Denkweisen (thinking outside the box)
- eine hohe Arbeitsmoral
- die Fähigkeit, Konflikte konstruktiv zu lösen (weder Konflikten ausweichen, noch sie zu konfrontativ angehen)
- Teamfähigkeit.

Nicht jede/r ProjektmanagerIn vereinigt all diese Soft Skills auf sich; daher ist es umso notwendiger, sich als ProjektmanagerIn zu überlegen, welche Stärken anderer Teammitglieder es besonders hervorzuheben und zu nutzen gilt.

Fazit

Projektmanagement ist in vielen Bereichen des Studiums als Methode und Objekt wichtig. Kern des Erfolgs ist das Projektdreieck.◄

Die Aufgaben im Projektmanagement unterscheiden sich stark zwischen den einzelnen Phasen. Die Visionärin initialisiert, die Akkurate plant, die Macherin und Führerin setzt um, und die Gründliche schließt ab – und das in einer Person: ProjektleiterInnen müssen bezüglich ihrer Rolle flexibel sein.

Rollen und Phasen

Projektfindung und Stakeholdermanagement

> ► Jeder Weg beginnt mit dem ersten Schritt. Deshalb betrachten wir zunächst die Vorbereitungsphase des Projekts (Abb. 2.1). Hier werden die Weichen für Erfolg oder Misserfolg gestellt.

2.1 Projektfindung

Das Projekt findet sich über mehrere Faktoren: Zunächst einmal sollten die Studierenden ein genuines Interesse am Projektthema mitbringen, da Projektarbeit die Eigenschaft hat, alle Teammitglieder recht intensiv einzubinden. Bereits hier ist es zusätzlich sinnvoll, sich zu überlegen, welchen Nutzen das Projekt für Studium und Beruf hat, d. h. auch welchen Beitrag es zum Portfolio der Studierenden leistet.

Die erwarteten Ergebnisse sollten in einem Projektauftrag formuliert sein, d. h. in einer schriftlichen Einigung darüber, worin die Ergebnisse des Projekts bestehen. Bei den studierenden Projektteam-Mitgliedern sollte auch eine grobe Einigung darüber bestehen, welche Note mit dem Projekt angestrebt wird.

2.2 Projektdefinition und Ziel

Wer die frühen Phasen ignoriert, bekommt zum Projektende „action satt".

© Der/die Autor(en), exklusiv lizenziert durch Springer Fachmedien Wiesbaden GmbH, ein Teil von Springer Nature 2020
A. Beifuss und U. Holzbaur, *Projektmanagement für Studierende*, essentials,
https://doi.org/10.1007/978-3-658-32664-7_2

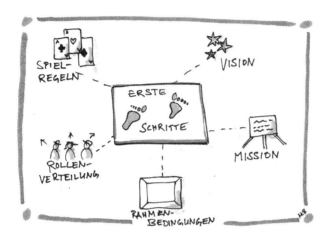

Abb. 2.1 Projektdefinition: das Ziel ist das Wichtigste

Die frühen Phasen werden gerne vernachlässigt, weil meistens noch andere dringende Projekte und Aufgaben anstehen. Die frühen Phasen sind jedoch extrem wichtig, da hier Weichen gestellt und Entscheidungen getroffen werden, die den Erfolg des ganzen Projekts beeinflussen. An dieser Stelle, aber auch während des gesamten Projekts, ist es von zentraler Bedeutung, sich vor „moving targets" oder „Scope Creep", der schleichenden Ausweitung des Projektumfangs, zu hüten. Bei extremen Fällen, die meist durch ungenaue Zielbeschreibungen verursacht werden, droht das gesamte Projekt zu scheitern. Andererseits ist Agilität auch bezüglich der Ziele notwendig.

Das Projektteam muss beim Projektstart gemeinsam klären:

- Arbeitsziele (Vision und Mission, generelle und spezifische Inhalte, zeitlicher Rahmen)
- Verteilung der erforderlichen Rollen und Funktionen
- Spielregeln für die Gesprächsführung und Festlegen der Berichterstattung

Einfluss der frühen Phasen Die frühen Phasen lassen sich am wenigsten strukturieren und formal beschrieben. Hier werden Probleme noch nicht so intensiv wahrgenommen, aber bezüglich aller drei Ecken des Projektdreiecks Weichen gestellt:

- Das Ergebnis wird als Ziel festgelegt. Dies hat Auswirkungen auf die Einhaltung der Qualität des Ergebnisses.
- Die Festlegung der Mittel (Aufwand, Kosten) geschieht bereits in den frühen Phasen: nach 20 % der Zeit sind 80 % der Kosten festgelegt.
- Die zur Verfügung stehende Zeit wird am Anfang überschätzt.
- Durch unklare oder unvollständige Festlegung von Zielen, Mitteln und Methoden werden später Neuplanungen notwendig.

>   Die frühen Phasen, die Aktivitäten zu Beginn des Projekts, sind für den Projekterfolg entscheidend.

Die Festlegungen in den frühen Projektphasen betreffen zum einen Inhaltliches (Ziel, Aufgabe), zum anderen auch die Rahmenbedingungen und Organisation. Die Projektleiter bzw. das Projektteam müssen diese Fragen möglichst früh (mit Projektstart) klären.

Die Konsequenzen (Kosten) von Fehlern werden umso gravierender, je länger die Zeitpunkte von Fehlerursache und Fehlerentdeckung auseinander liegen. Aus dem Software-Engineering ist belegt, dass die Fehlerkosten mit dem Abstand zwischen Verursachung und Entdeckung des Fehlers exponentiell anwachsen.

2.3   Ziel und Aufgabe

Die Projektziele leiten sich aus strategischen Zielen ab und werden in konkrete Aufgaben und Aufträge umgesetzt.

- Ziel und Vision
  - Wo soll es hingehen?
  - Was ist das Ziel des Ganzen?
  - Wozu dient die Arbeit?
- Mission und Aufgabenstellung
  - Was muss getan werden?
  - Was muss ich tun?
  - Welche Ergebnisse werden erwartet?
  - In welcher Form müssen die Ergebnisse vorliegen (deliverable items)?
- Mögliche Lösungsansätze
  - Wie kann das Ziel erreicht werden?
  - Nach welchen Prinzipien kann ich vorgehen?
  - Welche Methoden sollen verwendet werden?

- Ressourcen
  - Woher kommen Ressourcen und wer ist dafür verantwortlich?
  - Welche Ressourcen (Personal, Material, Geld) stehen zur Verfügung?
  - Wie sicher und knapp sind die Ressourcen?
- Termine
  - Welche Termine sind vorgegeben?
  - Wie fest sind externe Termine und Endtermin?
  - Wie sicher sind Termine, von denen das Projekt abhängt?

▶ Die wichtigste Aufgabe zu Projektbeginn ist die Festlegung eines gemeinsamen Projektdreiecks aus Sicht von Stakeholdern und Projektteam.

▶ Neben den formal-organisatorischen Maßnahmen zum Aufbau einer Organisation sollte die Bildung eines Teams mit einem gemeinsamen Verständnis für Vision und Aufgaben nicht unterschätzt werden. Teambildende Maßnahmen sind zentral für den Erfolg des Projekts.

2.4   Rahmenbedingungen

Die Projektplanung wird zu Beginn festgelegt und strukturiert. Hier ist es besonders wichtig, einen guten Ausgleich zwischen einer exakten und einer flexiblen Planung zu schaffen, da insbesondere in Entwicklungsprojekten die zukünftigen Aufgaben und Aufwände noch nicht bekannt sind.

Die Basis der Planung sind die Ziele und Rahmenbedingungen. Deshalb muss neben der Planung auch die Verfeinerung der Planung geplant werden.

- Ergebnis
  - Festlegung des Ziels und der Methoden zur Zieldefinition (z. B. Anforderungsanalyse, Marktstudie)
  - Festlegung der Qualitätskriterien, Fortschrittskontrolle und Prüfmethoden (z. B. Audits)
- Ressourcen
  - Schätzung der Kosten und benötigten Ressourcen
  - Festlegung der Anforderungen an Personal
  - Planung der Verfeinerungsschritte im Arbeitsstrukturplan
  - Planung der Kostenkontrolle und Verfahren bei Abweichungen

- Termin
  - Festlegung der Termine
  - Planung der Terminüberwachung
- generell
  - Projektplanung im Projektdreieck
  - Planung der Projektüberwachung, Berichtswesen und Verfahren zur Anpassung des Plans

Mit der Festlegung der Aufgabe und der Rahmenbedingungen hat man eine feste Idee der Ziele und einen groben Plan für ihre Erreichung (Abb. 2.2).

Abb. 2.2 Projektplan

2.5   Stakeholder und Anforderungen

Für den Projekterfolg ist es wichtig, den Kunden und seine Anforderungen an das Projekt zu kennen. Stakeholder sind grundsätzlich alle, die in das Projekt involviert sind. Um Stakeholder zu identifizieren, ist es sinnvoll, sich die folgenden Fragen zu stellen:

- Wer kann über Erfolg oder Misserfolg des Projekts mitbestimmen?
- Wer wird durch das Projekt beeinträchtigt oder berührt?
- Wer entscheidet über den finanziellen Rahmen?
- Wer kann bei der Projektumsetzung helfen?
- Wer kann Zugang zu benötigten Ressourcen verschaffen?
- Welche Spezialisten gibt es, deren Expertise über das Projektteam hinaus benötigt wird?

▶Stakeholder (Anspruchsgruppen) sind alle Personen oder Gruppen, die einen Einfluss auf das Projekt und den Erfolg haben und/oder vom Projekt oder Ergebnis direkt oder indirekt betroffen sind. Im Projekt geht es dabei nicht nur um den Kunden, sondern um viele andere Beteiligte.

Unterschiedliche Stakeholder haben unterschiedliche Sichten auf das Projekt (Abb. 2.3).

Abb. 2.3 Stakeholder

Wer ist Stakeholder des Projekts? Stakeholder können sein:

- Kunde und Auftraggeber, Ressourcengeber und Unterstützer
- ProfessorInnen, DozentInnen, AssistentInnen und MitarbeiterInnen
- Abteilungen beim Kunden (Entwicklung, Marketing) bzw. in der Hochschule (Studiengang, Verwaltung, Öffentlichkeitsarbeit, Rektorat)
- Gesellschaftliche Gruppen, insbesondere aktuell und zukünftig Betroffene des Projektergebnisses
- KommilitonInnen, KollegInnen und WissenschaftlerInnen (scientific community)

Beispiel

Für die Durchführung einer Befragung über die Lärmprobleme an einer Straße und eine mögliche Umleitung plant das Projektteam die Schüler einer Schule im Ort ein. Lehrer und Schulleiter werden damit zu Stakeholdern, die für den Erfolg des Projekts essentiell sein können.

Sowohl die Nutzer der Straße als auch die Anlieger der alten Straße und der potentiellen Umleitung sind als Betroffene Stakeholder. Die Hochschule ist daran interessiert, dass das Projekt wissenschaftliche Qualität hat. Gleichzeitig sind die Hochschule und einzelne Bereiche und Mitglieder durch das Thema betroffen, i.e. Stakeholder.◄

Die Stakeholder müssen daraufhin analysiert werden, wie sie vom Projekt betroffen sind und welche Möglichkeiten der Einflussnahme sie haben. Neben den explizit formulierten Anforderungen gibt es auch implizite (persönliche, private, interne, strategische) Interessen (hidden agendas) bei allen Stakeholdern.

Dies geschieht am besten in Form einer Tabelle. Damit lässt sich schon zu Projektbeginn sicherstellen, ob und wer was zum Projekt beträgt. Die Tabelle muss fortgeschrieben werden.

Anforderungsanalyse Nach der Erfassung der Stakeholder müssen die Anforderungen an das Projekt erfasst und dokumentiert werden.

Anforderungen an das Projekt werden formal durch den Auftraggeber im Pflichtenheft zusammengestellt. Meist ist es aber Aufgabe des Teams, alle Anforderungen zu erfassen und zu klären. Neben den Anforderungen an das Ergebnis sind auch die Projektanforderungen zu berücksichtigen.

2.6   Risikomanagement

Vor Risiken kann man sich nicht verstecken. Egal, wie gut Sie ein Projekt vorbereiten: Dinge können schief gehen odder sich anders entwickeln, als Sie es geplant haben. Durch Risikomanagement lässt sich ein planvoller, konstruktiver und aktiver Umgang mit Risiken erlernen, damit das Projekt auch langfristig erfolgreich sein kann. Der Risikomanagementprozess besteht aus Risikoidentifikation, Risikoanalyse, Risikobewertung und Risikobewältigung.

Identifikation Bei der Risikoidentifikation geht es darum, auftretende Risiken rechtzeitig zu erkennen. Dies bedarf der umfassenden Bestandsaufnahme aller möglichen Risiken. Um Risiken zu identifizieren, ist es eine Möglichkeit, Stakeholder und Kunden zu befragen, welche Risiken sie sehen und wie sie damit umgehen (würden). Die SWOT-Analyse, in welcher Stärken (strengths), Schwächen (weaknesses), Chancen (opportunities) und Risiken (threats) aufgelistet werden, soll helfen, die richtigen Potenziale eines Projekts zu erkennen, aber auch Risiken zu erkennen und einzugrenzen. Auch ein Brainstorming im Projektteam kann helfen, die fraglichen Risiken zu erkennen und zu benennen.

Analyse Ziel der Risikoanalyse ist, für die erkannten Risiken einerseits sowohl die genaue Ursache und die Eintrittswahrscheinlichkeit und andererseits die Höhe des möglichen Schadens festzustellen.

Bewertung Die Risikoidentifikation führt zur Risikomatrix (Abb. 2.4), in der alle Risiken nach Auswirkung (Schaden beim Eintreten des Risikos) und Wahrscheinlichkeit aufgelistet oder grafisch dargestellt werden. Von vernachlässigbarem bis hin zu schwerem Schaden werden die Eintrittswahrscheinlichkeiten von sehr unwahrscheinlich bis sehr wahrscheinlich gegenüber gestellt.

Möglichkeiten der Risikobewältigung Die oben beschriebene Risikomatrix hilft, um über den richtigen Umgang mit Risiken zu entscheiden. Bei großer Wahrscheinlichkeit und großem Schaden ist dringend Handeln angesagt, wohingegen ein vernachlässigbarer Einfluss auch bei hoher Wahrscheinlichkeit nicht unbedingt mit einbezogen werden muss. Bei der Risikobewältigung wird versucht, die Eintrittswahrscheinlichkeit eines Risikos zu verringern bzw. die Auswirkungen zu begrenzen. Risiken mit hoher Eintrittswahrscheinlichkeit jedoch geringen Auswirkungen sind meist hinnehmbar. Risiken mit einem potentiell großen Schaden müssen genauestens beobachtet werden, auch wenn die Eintrittswahrscheinlichkeit gering ist. Beispielsweise sollte eine Unwetterwarnung bei einer geplanten

Abb. 2.4 Risikoportfolio Matrix

Veranstaltung im Freien ernst genommen werden; ggf. muss die Veranstaltung abgesagt werden, wenn eine Gefahr für die Besucher besteht.

Zur Reduktion und Abmilderung von Risiken gibt es mehrere Möglichkeiten. Eine Möglichkeit der Risikobegrenzung ist die Risikostreuung. Das Risiko zweier unabhängiger Aktivitäten ist kleiner als das einer einzelnen doppelt so großen. Hier wird der stochastische Effekt ausgenutzt.

Ein wichtiger Bereich der Risikoreduktion ist die Versicherung. Es muss genau geprüft werden, welche Versicherungen notwendig oder sinnvoll sind und ob der Versicherungsschutz ausreicht.

Fazit

Die Basis eines erfolgreichen Projektstarts sind die Erfassung der Anforderungen aller Stakeholder an das Ergebnis, die Definition von Projektziel und der Rahmenbedingungen und die Abschätzung von Risiken.◄

Projektplanung und Organisation 3

▶ Jede Arbeit, die nicht Routine ist, sollte als Projekt geplant werden. Das Projektmanagement stellt eine Vielzahl von Methoden der Planung zur Verfügung. Ein Plan ist immer ein Modell der zukünftigen Realität.

3.1 Projektdreieck

Aus den Anforderungen ergeben sich mittels der später detailliert betrachteten Methoden (insbesondere durch die Aufstellung des Arbeitsstrukturplans) Abschätzungen für den Umfang des Projekts (Abb. 3.1). Es zeigt sich meist, dass jeder Stakeholder ein unterschiedliches Projektdreieck hat und unterschiedliche Vorstellungen der Partner und Teammitglieder aufeinanderprallen.

Die Kunst des Projektleiters ist es nun, einen Kompromiss zu finden, mit dem alle Beteiligten leben können. Dazu muss er/sie unterschiedliche Anforderungen integrieren und gegen den notwendigen Aufwand abwägen. Wichtig ist hier ein sachorientiertes Verhandeln (Fischer und Uri 2013) anstelle des Beharrens auf Positionen.

Insgesamt kann man nun das Projekt im Rahmen des Projektdreiecks mit den in Tab. 3.1 gegebenen Informationen festlegen.

Der wichtigste Punkt ist, das Projekt erfolgreich zu definieren. Danach beginnt die Arbeit der Projektmanager: planen und organisieren, um die definierten Ziele in der gegebenen Zeit und mit den zugesagten Ressourcen zu erreichen.

© Der/die Autor(en), exklusiv lizenziert durch Springer Fachmedien Wiesbaden 21
GmbH, ein Teil von Springer Nature 2020
A. Beifuss und U. Holzbaur, *Projektmanagement für Studierende,* essentials,
https://doi.org/10.1007/978-3-658-32664-7_3

Abb. 3.1 Pläne sind Modelle der Wirklichkeit

Tab. 3.1 Planungsformular für ein Projekt

Vision (Zielsetzung) als zukünftiger Zustand, erwartete Ergebnisse oder Erkenntnisse (Fragestellung)	
Wichtige Stakeholder (Anspruchsgruppen) und ihre Anforderungen und Unterstützung für das Projekt	
Mission (Aufgabe) als Tätigkeiten und zu erstellende Produkte (Deliverable Items) sowie Abgrenzung (Scope) des Projekts (z.B. als Negativliste)	
Ressourcen: Team und Personenstunden, Sonstige Ressourcen, Notwendige Zuarbeit und Unterstützung	
Termine und wichtige Zwischentermine mit ihrer Dringlichkeit	
Erkannte Risiken und Strategien	

3.2   Arbeitsstrukturplan und Ressourcen

▶   Der Arbeitsstrukturplan (Work Breakdown Structure, WBS) gliedert
      die Gesamtaufgabe hierarchisch in Arbeitspakete.

Arbeitsstrukturplan und Arbeitspakete Der Arbeitsstrukturplan zeigt die Struktur der zu leistenden Arbeit in Form von hierarchisch geordneten Arbeitspaketen. Er wird im Allgemeinen wie in Abb. 3.2 graphisch mittels einer hierarchischen

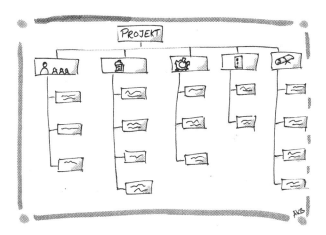

Abb. 3.2 Prinzipskizze Arbeitsstrukturplan

Kästchenstruktur wie bei einem Organigramm oder wie in Tab. 3.1 einer halbgraphischen Darstellung durch eingerückte Listen bzw. durch Einrücken des Textes dargestellt.

Diese Gliederung ist wichtig für die

- Ressourcenplanung
- Zuordnung von Verantwortung
- Vergabe von Aufträgen
- Aufstellung der Zeit- und Terminpläne
- Planung und Kontrolle

Arbeitspakete sind die Elemente eines Projektstrukturplans. Wir bezeichnen auch die in der Hierarchie über den Arbeitspaketen der untersten Ebene (AP nach DIN) liegenden Ebenen als Arbeitspakete, da diese häufig im Laufe des Projekts weiter aufgeteilt werden.

Alternative Bezeichnungen sind in abnehmender Hierarchie:

- Teilprojekt
- Teilaufgabe

Für jedes Arbeitspaket gibt es einen Verantwortlichen. Die Abarbeitung des AP sollte wie ein Projekt geplant werden (Aufteilung, Phasen, Planung und Kontrolle).

▷ Der Arbeitsstrukturplan ist die wichtigste Basis für die Planung eines Projekts.

Die Arbeitspakete werden im Allgemeinen nach einer Dezimalstruktur nummeriert. Dass dabei maximal 9 Teilpakete für jedes Arbeitspaket möglich sind, dient der Übersichtlichkeit.

Folgende Kriterien sollte ein sinnvolles Arbeitspaket erfüllen:

* wohldefinierte Ziele und Aufgaben
* wohldefiniertes Ergebnis
* wohldefinierte Voraussetzungen
* zuordenbar an eine Person oder an eine einfach zu definierende Gruppe.

Aufstellen des Arbeitsstrukturplans Im Arbeitsstrukturplan wird die gesamte innerhalb eines Projekts zu leistende Arbeit in Arbeitspakete heruntergebrochen. Wichtig ist es hier, alle Aufgaben und deren Umfang zu erfassen, auch wenn sie noch so klein erscheinen. Dabei kann sich diese Aufteilung an verschiedenen Prinzipien orientieren. Man kann einen Arbeitsstrukturplan gliedern nach:

* Phasen (Vorbereitung, Entwurf, Durchführung, Produktion, Dokumentation, Auslieferung)
* Tätigkeiten (Entwerfen, Produzieren, Experimentieren, Schreiben, Planen, Kommunizieren)
* Ergebnissen (Spezifikation, Teilergebnis, Entscheidung, Dokument)
* Produkte und Komponenten (Teilgeräte, Komponenten, Materialien).

Die Arbeitspakete der obersten Ebene werden nun wieder verfeinert, indem man die Aufgabe wieder in Teilaufgaben zerlegt. Dabei ist wichtig, dass nichts weggelassen wird und dass Tätigkeiten, die als Schnittstelle zwischen zwei Arbeitspaketen liegen, einem Arbeitspaket zugeordnet werden. Dies kann eines der beiden betroffenen oder ein zusätzliches Arbeitspaket sein.

Für das Aufstellen des Arbeitsstrukturplans sollte man zunächst viel mit Bleistift und Papier arbeiten. Im Allgemeinen wird der aufgestellte Plan mehrmals modifiziert, bis er eine solide Basis für die Planung abgibt. Auch wird der Arbeitsstrukturplan im Laufe der Zeit vertieft und verändert werden.

Das Vorgehen bei der Aufstellung kann dabei top-down oder bottom-up erfolgen:

- Aufstellung bottom-up
  - Sammeln aller notwendigen Tätigkeiten, Strukturierung und Zusammenfassung, Ergänzung koordinierender Tätigkeiten.
  - Für jedes Arbeitspaket die Frage stellen: Was brauche ich noch dazu?
- Aufstellung top-down
  - Strukturiert von oben nach unten hierarchich aufteilen.
  - Ausgehend von Haupttätigkeitsbereichen und Hauptkomponenten. Die Reihenfolge der obersten Ebenen kann variieren (Produkt – Aufgabenbereich – Phase).

Die Größe von Arbeitspaketen der untersten Ebene wird in der Literatur und in der Praxis verschieden angegeben. Dies liegt zum Teil auch daran, dass in Großprojekten die Arbeitspakete selbst wieder als Projekt geplant und entsprechend heruntergebrochen werden. Für Hochschulprojekte gehen wir von einer Gesamtgröße von mehreren Personenjahren (Forschungsprojekte) bis zu einigen Personentagen aus. Entsprechend gliedern sich die Projekte in zwei bis fünf Ebenen mit jeweils drei bis sieben Paketen auf der Ebene (Abb. 3.3).

Abb. 3.3 Arbeitspakete

Als praktische Minimalgröße für die Arbeitspakete kann man den Personentag oder mehrere Personenstunden ansetzen, in der Regel sollten die Arbeitspakete aber umfangreicher sein.

Arbeitspaketstruktur für eine empirische Projektarbeit

1. Management
   1. Qualitätssicherung
   2. Koordination intern
   3. Stakeholdermanagement
   4. Projektmanagement
2. Vorbereitung
   1. Recherche, Literaturbeschaffung
   2. Gliederung
   3. Entwurf
   4. Aufbau (Experimentalumgebung, Fragebogen,…)
3. Durchführung
   1. Experimente, Tests, Befragung, Berechnung
   2. Auswertung
   3. Tests und Verifikation der Ergebnisse
4. Formulierung des Ergebnisses
5. Abschluss
   1. Erstellung Abschlussdokumentation
   2. Abschlusspräsentationen (Prüfer, Stakeholder)◄

Verantwortung Eine wichtige Aufgabe ist die Zuordnung der Verantwortung für die Arbeitspakete. Diese funktionale Verantwortung bedingt keine Hierarchie, sondern die Verantwortung und Kompetenz für die Entscheidungen zur erfolgreichen Abarbeitung der Arbeitspakete.

▷ Entscheidungen sollten im jeweiligen Arbeitspaket getroffen werden. Ist keine Lösung oder Einigung möglich, ist die nächsthöhere Ebene einzuschalten.

Aufwandsschätzung Die Aufwände für das gesamte Projekt bzw. für jedes Arbeitspaket ist immer die Summe der Aufwände aller Teilpakete. Dabei sollten die Aufwände und die vorhandenen Ressourcen realistisch eingeschätzt werden. Basis der Kostenschätzung ist das Produkt aus Zeit * Personal, also der "Mann-Monat", Personen-Tag (PTg) oder Personen-Stunde (Ph).

Eine wichtige Grundlage dafür ist, Aufwände und Ressourcen mit demselben Maßstab zu messen, also entweder Arbeitstage oder Stunden zu verwenden. Eine Schätzung mit Stunden verführt leicht dazu, die Netto-Arbeitszeit (produktive Arbeitszeit) aufzuaddieren und „Ressourcenfresser" zu vergessen. Die Schätzung in Tagen verführt dazu, kleine Arbeiten zu überschätzen.

Workload In Projekten, die Lehrveranstaltungen zugeordnet sind, wird der zeitliche Aufwand durch die Modulbeschreibungen festgelegt. Einheit der Workload sind die Credit Points (CP).

Dabei entspricht ein CP einer Workload für einen durchschnittlichen Studenten von 25 – 30 Arbeitsstunden. (Je nach Kenntnissen und Fähigkeiten kann die reale Arbeitsbelastung start variieren, man betrachte z. B. einen Kurs Mathematik mit 10 CP, der großteils Abiturstoff beinhaltet.) Siehe Abschn. 6.4 und Tab. 6.2.

Design to Cost Sie kennen nun die Methoden, um das Projekt zu strukturieren und den Aufwand zu bestimmen und abzugleichen. Im Allgemeinen muss das Projektziel angepasst werden, um zum möglichen Aufwand bzw. Budget zu passen. Dabei werden ggf. mehrere Iterationszyklen und Abstimmungen mit Kindern und Stakeholdern notwendig.

3.3 Zeitplanung

>> Die Zeit ist bei Projekten das Offensichtlichste: Ein Terminverzug in der Fertigstellung ist für alle Beteiligten erkennbar.

Die Erstellung des Zeitplans kann mithilfe der Netzplantechnik oder aufgrund einer Phaseneinteilung geschehen. Dabei sollte die Planung ausgehend von der zu erledigenden Arbeit erfolgen, d. h. zunächst werden die Zeiten geschätzt und dann die Termine bestimmt. Wenn der so bestimmte Termin zu spät liegt, muss die Planung im Rahmen des Projektdreiecks modifiziert werden (Reduktion der Aufgabe, Abstriche beim Ziel, Terminverschiebung, Zukauf von Teilen oder Leistungen, Einbindung weiterer Mitarbeiter). Durch dieses Vorgehen werden schon in den frühen Phasen mögliche Probleme erkannt und vermieden. Die

Schätzung anhand vorgegebener Termine (Halbzeit, Monatsraster) ergibt dagegen häufig unausgewogene Planungen.

Netzplan Auf der Basis des Arbeitsstrukturplans (WBS Abschn. 3.1) kann ein Netzplan erstellt werden. Der Netzplan hat den Vorteil, dass sich damit auch zeitliche oder inhaltliche Abhängigkeiten darstellen lassen. Dazu ist der Arbeitsstrukturplan allerdings so zu gliedern, dass die verwendeten Arbeitspakete wohldefinierte Dauern haben. Falls notwendig, werden projektbegleitende Arbeitspakete noch unterteilt.

▶ **Der Netzplan baut auf folgenden Prinzipien auf:**

- Es gibt eine Nachfolger-Beziehung zwischen Vorgängen.
- Eine Tätigkeit kann erst begonnen werden, wenn alle Vorgänger abgeschlossen sind.
- Nachfolge und Vorgänger können nicht parallel ausgeführt werden.

Eine konsequente Befolgung dieses Prinzips erfordert eine sehr hohe Detaillierung des Netzplans, da meist Teile von Tätigkeiten parallel durchgeführt werden könnten, und ist in der Praxis nicht durchführbar. Beispiele sind Phasenvorläufe, Einarbeitung, teilweise parallele Tätigkeiten (Simultaneous Engineering). Eine gröbere Einteilung führt zu Puffern (stille Reserven), die typischerweise auch gebraucht werden.

Simultaneous Engineering

Ebenso wie in der Produktentwicklung Teile der Folgephase schon begonnen werden können, ohne dass das Abschlussdokument der jeweiligen Vorgängerphase vorliegt, können sich bei einer schriftlichen Arbeit die Phasen Definition – Recherche – Empirie – Dokumentation – Endfassung – Korrekturlesen teilweise überlappen. ◀

Aus den mit Zeitdauern versehenen Arbeitspaketen und dem Wissen, welches Arbeitspaket auf welchem anderen basiert, kann der Netzplan aufgestellt werden. Von den verschiedenen möglichen Darstellungsarbeiten ist heute die verbreitetste das Vorgangsknotennetzwerk. Es stellt die informationstragenden Vorgänge als Rechtecke dar.

- Prozesse (Vorgänge) sind Knoten
- Logische Folgebeziehungen (Fortschrittsereignis) sind Pfeile zwischen den Knoten

Für die Berechnungsformeln sei auf die Literatur verwiesen. Projektmanagement-Software führt die notwendigen Berechnungen automatisch durch.

Phasenkonzepte Phasenmodelle dienen der konzeptuellen Gliederung des Projektverlaufs. Phasen beschreiben einen Teil des Projekts, in dem ein spezieller Typ von Tätigkeit durchgeführt wird. Am einfachsten ist ein Wasserfallmodell aufeinanderfolgender Phasen: Das Ergebnis der Phase wird dann in der folgenden Phase weiterverwendet. Meilensteine schließen Phasen ab und starten die neue Phase. Das Wasserfallmodell bietet einen kontrollierbaren Prozessablauf.

Unter „Agilem Projektmanagement" versteht man eine Form der Projektsteuerung, die im Gegensatz zum Wasserfallmodell flexibel und dynamisch angelegt ist. Agiles Projektmanagement erfolgt in mehreren Zyklen („Sprints") mit verschiedenen Testphasen und erfordert eine hohe Flexibilität und Toleranz des ganzen Teams in Bezug auf Umfang, Qualität, Zeit und Kosten. D. h. die Agilität resultiert in einer erschwerten Planbarkeit und erfordert Disziplin, Planungskompetenz und die Fähigkeit, Ziele und Aufgaben zu unterscheiden.

Schon aus den Phasen und Meilensteinen kann sich wie in Tab. 3.2 ein detaillierter Zeitplan ergeben.

Häufig wird bei Zeitplänen die Vorlaufphase (Projektinitiierung) nicht berücksichtigt, da sie zum Zeitpunkt der Planerstellung schon abgeschlossen ist. Im Rahmen einer termingebundenen Arbeit ist aber die Berücksichtigung und Nutzung von Vorlaufzeiten und Nacharbeiten extrem wichtig.

Tab. 3.2 Planungsformular für phasenbasierte Planung

Bezeichnung der Phase	Tätigkeit und Ergebnis	Beginn (Termin, Meilenstein)	Ende (Termin, Meilenstein)	

Planersteller, Termin der Erstellung und Aktualisierung

Meilensteine Aus dem Netzplan oder dem Phasenkonzept kann ein Meilenstein-plan erstellt werden.

Meilensteine müssen immer wohldefiniert sein, d. h. es muss klar sein, welches Ergebnis oder Kriterium zum Meilenstein erfüllt sein muss. Ein Kriterium wie „sechs Wochen nachgedacht" definiert weder ein Phasenergebnis noch einen gültigen Meilenstein.

▶ Das Setzen und Überprüfen der richtigen Meilensteine ist die Voraussetzung für eine erfolgreiche Projektabwicklung.

Am günstigsten sind Reviews bzw. Audits als Meilenstein. Alle Termine, bei denen Dritte Ergebnisse brauchen, oder bei denen das Team Ergebnisse, Informationen oder Materialien von Dritten erhalten, sind Meilensteine.

Die graphische Darstellung der Meilensteine und der wichtigen Vorgänge erfolgt im Gantt-Diagramm. Dabei werden wie in Abb. 3.4 die Vorgänge als Balken und die Meilensteine als Dreieck über der Zeitachse abgetragen.

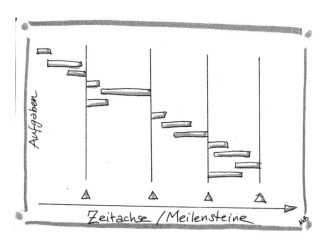

Abb. 3.4 Gantt-Diagramm

3.4   Projektorganisation

Nach der Planung kommt das Tun.
Die Projektorganisation sorgt für die Umsetzung des Projektplans in konkrete
Aktivitäten und ein erfolgreiches Projekt. Bei der Projektorganisation unterscheiden wir

- Aufbauorganisation: Wer macht was? Struktur und Zuordnung von Aufgaben
  und Verantwortung
- Ablauforganisation: Wie passiert was? Zeitliche und logische Aspekte von
  Abläufen

Interne Projektstruktur Da Projekte im Studium auch dazu dienen, auf Projekte
im Beruf vorzubereiten, beziehen wir uns auch auf „große" Projekte. Die Aufgaben und Rollen sind aber auch in kleinen Projekten vorhanden. Zentral ist die
Rolle der Projektleitung.

ProjektleiterIn Der Projektleiter oder die Projektleiterin ist die zentrale Rolle des
Projekts als „Mister/Miss Project", der/die von innen (Team) und außen (Stakeholder, Öffentlichkeit) mit dem Projekt identifiziert wird. Er/Sie sollte sich das
Projekt zu eigen machen.
   Die folgenden Rollen und Aufgaben können im Umfeld „Projektmanagement"
unterschieden werden. Sie werden in einer oder mehreren Personen vereinigt, die je nach Firmengepflogenheiten die Namen „ProjektleiterIn" und/oder
„ProjektmanagerIn" bekommen.

- PromotorIn (Machtpromotor, Fachpromotor des Projekts, oder ein wichtiger
  Stakeholder, je nachdem wie er mit dem Projekt identifiziert wird)
- Projektverantwortliche (externe Rolle, Vertretung und Verantwortung gegen-
  über Geschäftsleitung und Kunde, Zuständigkeit für die Ressourcenausstattung
  und Ergebnisse des Projekts)
- ProjektmultiplikatorIn (externe Rolle, Sprecher nach außen)
- ProjektleiterIn (interne Rolle, Entscheidungskompetenz gegenüber den Pro-
  jektmitarbeitern)
- ProjektmanagerIn (interne Rolle, Abwickler, Organisator, Controller)
- ProjektmultiplikatorIn (interne informelle Rolle, Sprecher von innen).

Neben Organisation und Führung werden vielseitige Anforderungen an den
Projektleiter gestellt:

- Katalysator und Förderer nach innen („Why not?" statt „Yes, but...")
- Filter nach oben (kein „Management by gear-wheels")
- Puffer nach außen (gegen Störungen und anmaßende Firmenbürokratie)
- faire und berechenbare Persönlichkeit (weder „bester Kumpel" noch „Kaiser und Gott")
- Frustrationstoleranz (Resilienz).

Verantwortungsbereiche im Projekt Aufgrund der Komplexität wächst die Anforderung an das Projektmanagement mit dem Umfang (an Personenmonaten und Zahl der beteiligten Personen). Die folgenden Aufgaben und Rollen sind auch in kleinen Projekten vorhanden:

- Projektverantwortliche(r)
  - initiiert das Projekt, stellt die Vision vor, bereitet Projektdefinition vor
  - vertritt das Projekt bei der Geschäftsführung
  - schlägt Projektleitung vor und unterstützt sie
- Projektleiter(in)
  - verantwortlich für die unternehmerische Durchführung des Projekts
  - verantwortlich für das Erreichen der gestellten Ziele
- Projektmanager(in)
  - Verantwortliche für die Planung, Organisation, Controlling
  - Informationsmanagement im Projekt
- Leitungsteam
  - Kosten und Ressourcen (kaufmännische Abwicklung)
  - Inhaltliche und technische Umsetzung (Forschung, Entwicklung, Produktion, Implementierung)
  - Qualitätsmanagement (Qualitätssicherung)
  - Externes Informationsmanagement (Kommunikation, Öffentlichkeitsarbeit)

Dabei ist die Äquivalenz von Verantwortung und Kompetenzen ein wichtiger Schlüsselfaktor für den Erfolg.

In studentischen Projekten gibt es wie beispielsweise im Ehrenamt keine formalen Strukturen und wenig Sanktionsmöglichkeiten. Dies stellt andere Anforderungen an die Führungsqualität der Projektleitung (Fisher und Sharp 1998; Holzbaur 2020).

Projektpyramide und Stakeholder Neben der klassischen Projektpyramide – den dem Projektleiter hierarchisch untergeordneten Projektmitarbeiter – gibt es die umgekehrte Pyramide der Hierarchie in der Organisation (Unternehmen, Hochschule) und der externen Stakeholder.

Eine der wichtigsten Funktionen von Projektleitern ist es, zwischen den Interessen des Projektteams und der Stakeholder zu vermitteln.

Ablaufplanung Das Projekt ist eine mögliche Form der Ablauforganisation. Trotzdem muss innerhalb des Projekts der Ablauf festgelegt werden. Im Vordergrund steht die Frage „WER macht WANN WAS?".

Für den Erfolg des Projekts ist der Informationsfluss entscheidend. Informationswege im Projekt betreffen die Information der Mitarbeiter und das Berichten im Projekt.

Zusammengefasst wird:

- die zeitliche Komponente in Phasen und Teilphasen bzw. Arbeitspakete
- Als Ablauforganisation: WAS und WANN
- die personelle Komponente: Rollen und Aufgaben innerhalb des Projekts
- Als Aufbauorganisation: WER

Die Ablauforganisation wird während der Projektplanung festgelegt.

Durchführungsplanung Die Aufgabenmatrix regelt die Verantwortlichkeiten für bestimmte Aufgabenbereiche (Abb. 3.5). Exemplarisch können folgende Verantwortungsbereiche definiert werden:

- Durchführungsverantwortung
- Verantwortliche Bearbeitung
- Mitarbeit
- Informationspflicht (aktiv und passiv)
- Entscheidung

Berichtswesen Die Berichtswege müssen sich an der Projektstruktur orientieren. Neben den Kommunikationswegen ist auch die Verantwortung für die Kommunikation zu regeln (Bringpflicht/Holpflicht).

Das Berichtswesen muss beinhalten (Abb. 3.6):

- Informationen über abgeschlossene und in Bearbeitung befindliche Arbeitspakete und Meilensteine
- Informationen über abgeflossene Mittel und getätigte Mittelfestlegungen
- Informationen über außergewöhnliche Ereignisse und Probleme.

Abb. 3.5 Swimlane

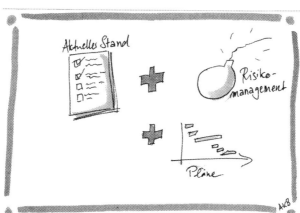

Abb. 3.6 Reporting

Obwohl der Begriff Berichtswesen nach großen Projekten und Formalien klingt, sind die gegenseitige Information und die Dokumentation des Projekts auch in kleinsten Projekten notwendig.

Selbst bei zwei oder drei Teilnehmern ist eine gegenseitige Information und Synchronisation notwendig – notfalls per Post-it oder SMS. Und im alleine durchgeführten Projekt ist die Überwachung von Phasen und das Festhalten von Informationen, Entscheidungen und Investitionen notwendig für die spätere Dokumentation.

3.5 Projektkultur

Projektkultur besteht aus den gemeinsamen Werten und Annahmen und zeigt sich in der Aufgabenbearbeitung und Kommunikation (Abb. 3.7). Der Aufbau einer gemeinsamen Projektkultur ist für den Erfolg wichtig. Interkulturelle Faktoren sind nur ein Aspekt davon. Eine funktionierende Projektkultur erkennt man auch daran, dass sich alle Beteiligten einig sind, wie ein Projekt abzuwickeln ist.

Die Projektkultur ist wichtig für den Projekterfolg. Die Kultur eines Projekts besteht (in Anlehnung an Schein 2004) in den gemeinsamen Annahmen über das Projekt und darüber, was die Aufgaben und Verantwortlichkeiten der einzelnen sind. Die gemeinsame Vision ist ein wichtiger Baustein für eine Projektkultur. Die Kultur zeigt sich in der Kommunikation und der Aufgabenbearbeitung.

In großen Projekten ist eine länderübergreifende Kooperation häufig und damit sind die Projektteilnehmer für kulturelle Unterschiede sensibilisiert und werden meist entsprechend geschult. In Projekten an der Hochschule treffen wir genauso häufig auf verschiedene Kulturen und die dadurch entstehenden Herausforderungen.

Egal ob ein Projektteam sich aufgrund des gemeinsamen Interesses oder aus persönlichen Gründen findet oder ob Teams durch den Dozenten, durch Wahlen oder gemeinsame Aufgaben zusammengesetzt werden, kulturelle Unterschiede bestehen und haben Auswirkungen auf das Projekt in folgenden Bereichen:

- Art der Kommunikation (implizit, explizit)
- Verständnis für Zielerreichung (Perfektionismus, Teillösungen)
- Art der Konfliktansprache und Konfliktlösung
- Art der Entscheidungsfindung, Verbindlichkeit von Entscheidungen
- Umgang mit Unsicherheit, Risikobereitschaft
- Verlässlichkeit.

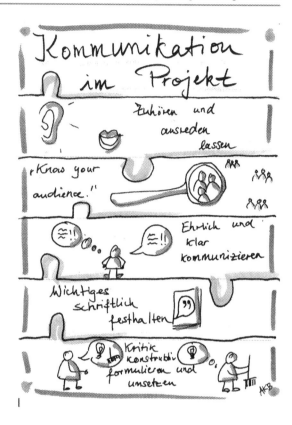

Kulturelle Unterschiede kommen dabei nicht nur durch die Herkunftsländer von
ausländischen Studierenden, Studierenden mit Migrationshintergrund und Studierenden aus unterschiedlichen Regionen, sondern auch durch die Identifikation mit
Kultur, Geschichte und Religion der Herkunftsregion, Bildungsweg und Lebens-
lauf (Schulformen, …), studiengangsbezogene Kultur und das Engagement und
Identifikation mit dem Studium in Konkurrenz zu Familie, Freizeit und Beruf.
Analysen individueller Motivationen einer Persönlichkeit und ihrer Verhaltens-
muster erhöhen das Verständnis für potentielle Konfliktsituationen und den daraus
resultierenden Projektherausforderungen.

Die Projektkultur zeigt sich in der Kommunikation miteinander, insbesondere der gegenseitigen Information, in der Übernahme von Aufgaben und Verantwortungen und dem Einsatz für die gemeinsame Vision.

▷   Kulturelle Unterschiede im Projekt können kritisch sein für den Erfolg. Die Projektleitung und alle Beteiligten müssen sich dessen bewusst sein und es besprechen. Sie sollten aber als Bereicherung und als Chance wahrgenommen werden.

Stakeholdermanagement digital Die Nutzung von E-Mail, Videokonferenzen oder auch Telefon zum Stakeholdermanagement und Austausch von Informationen hat den Vorteil, dass die Stakeholder individuell und termingerecht informiert werden können. Das Stakeholdermanagement kann dadurch gleichzeitig auch ein höheres Tempo annehmen, da virtuelle Treffen weniger Organisationsaufwand benötigen und schneller verwirklicht werden können. Digitales Stakeholdermanagement ist zudem kostengünstiger, da keine Anfahrtswege oder extra Bewirtung anzusetzen sind.

Fazit

Die wichtigste Methode der Projektplanung ist der Arbeitstrukturplan. Daraus lassen sich Aufwände, Aufgaben, Verantwortlichkeiten und Zeitpläne ableiten.◀

Projektcontrolling

4

▷ Die längste Phase des Projekts ist die Durchführung. Deshalb ist die Koordinierung, Überwachung und Steuerung des Projekts essentiell für den Erfolg.

Wenn die Planungsphase endlich abgeschlossen ist und das Projekt läuft, möchten sich die Projektleiter erstmal zurücklehnen. Für den erfolgreichen Abschluss ist es jedoch wichtig, den Projektfortschritt und die Stakeholderanforderungen kontinuierlich zu überwachen (Abb. 4.1). Die gemachten Schätzungen werden im Laufe der Zeit immer genauer. Das Projekt sollte regelmäßig dem aktuellen Informationsstand angepasst werden.

Autofahrt

Die Projekt-Planung und Überwachung eines Projekts kann man verdeutlichen am Beispiel einer Autofahrt. Objekt der Planung sind: Abfahrttermin, Zwischenstationen, Tankvorgänge, Endstation, Ankunftstermin.
Eine Überwachung betrifft:

- Termine und Meilensteine: Wann bin ich wo?
- Ressourcen: Spritverbrauch, in Relation zu Fahrtzeit, zurückgelegter Entfernung und Entfernung vom Ziel
- Ergebnisse: Meilensteine und Fahrtstrecke (z. B. bei Umleitungen): zurückgelegte Entfernung und Restentfernung

© Der/die Autor(en), exklusiv lizenziert durch Springer Fachmedien Wiesbaden GmbH, ein Teil von Springer Nature 2020
A. Beifuss und U. Holzbaur, *Projektmanagement für Studierende*, essentials, https://doi.org/10.1007/978-3-658-32664-7_4

Abb. 4.1 Controlling –
das Ziel sicher
erreichen

Die Planung sagt: Wann werde ich wo sein? Wann muss ich tanken? Controlling überwacht diese Größen im Zusammenhang. Die Daten des Projekts (Kilometerstand, aktueller Ort, Tankfüllzustand) müssen dazu erfasst und mit der Planung verglichen werden. Je nach Status ist eine Anpassung an die veränderte Situation notwendig.◄

4.1 Terminüberwachung

Meilensteine Meilensteine sind terminlich festgelegte Zeitpunkte. Sie müssen durch ein nachprüfbares Ergebnis definiert sein. Das Ergebnis kann formalisiert werden in Form von Kriterien wie

- Review, Dokumentenprüfung, Test, Abnahme
- Ende einer Phase

Ein Meilenstein ist abgearbeitet bzw. die Phase ist abgeschlossen, wenn das Ergebnis endgültig fertig und abgenommen/geprüft ist. Die Erschöpfung von Ressourcen (Zeit, Geld) impliziert nicht das Erreichen des Meilensteins. (Wenn ich von Ulm in 6 h nach Hamburg fahren möchte und in Hannover geht nach 6 h der Sprit aus, bin ich deshalb noch nicht am Ziel). Meilensteine im Projekt können insbesondere sein:

- Dokumente
- Phasenabschluss

Meilensteine sind auch nach außen relevant bezüglich:

- Bezahlung (milestone payment plan)
- Festlegung/Festschreibungen (im Wasserfallkonzept: point of no return).

Meilensteintrendanalyse Die Meilensteintrendanalyse dient dazu, die Plantermine für Meilensteine zu überwachen. Dazu werden zu jedem Überwachungstermin die geplanten Termine für die Meilensteine eingetragen und graphisch verbunden.

4.2 Ressourcencontrolling

Neben den Kosten spielt die eingesetzte Zeit eine wichtige Rolle. Bei der Ressourcenüberwachung ist es wichtig, nicht nur die verbrauchten Ressourcen (angefallene Kosten, verbrauchte Arbeitszeit) mit dem Plan zu vergleichen, sondern den bereits festgelegten Ressourcenbedarf im Blick zu behalten.

Ressourcenverbrauch und Ergebnisse Um die Kosten (bzw. Arbeitsstunden) im Verlauf des Projekts überwachen zu können, muss eine auf Arbeitspaketen basierende Schätzung vorliegen. Die Rückmeldung der AP-Verantwortlichen darf nicht nur die angefallenen Kosten beinhalten, sondern muss umfassen:

- begonnene Arbeitspakete und getätigte Bestellungen/Beauftragung
- Abarbeitungsgrad von Arbeitspaketen (prozentualer Projektfortschritt)
- Angefallener Personalaufwand und Sachkosten pro Arbeitspaket

Dabei reicht der Vergleich von angefallenen und geplanten Kosten als Projektüberwachung nicht aus, da eine Abweichung unterschiedliche Gründe haben kann.

Arbeitswertanalyse EVA Die ganz oder teilweise fertiggestellten Arbeitspakete sind mit dem geplanten Aufwand (Arbeits- oder Leistungswert) zu gewichten, um einen Vergleich mit der Planung zu haben.

▶ Arbeitswert eines Arbeitspakets = Geplanter Aufwand für die Fertigstellung
Damit ergeben sich folgende wichtige Kennzahlen pro Arbeitspaket:

* Gesamtwert = geplante Kosten = Soll-Kosten
* Leistungswert = Anteil bewertet mit geplanten Kosten = Soll-Kosten der abgeschlossenen Arbeit
* Technischer Fertigstellungsgrad = Leistungswert/Gesamtwert
* Mittelabfluss = bis zum Stichtag angefallene Kosten
* Kaufmännischer Fertigstellungsgrad = Mittelabfluss/Gesamtwert
* Kostenstatus = Mittelabfluss/Fertigstellung
* Kostenüberschreitung = Kostenstatus – 100 %.

▶ Da in Projekten der Personalaufwand meist die wichtigste Ressource ist, sollte auch die Arbeitswertanalyse in Personenstunden durchgeführt werden.

4.3   Stakeholder und Monitoring

▶ Der Appetit kommt beim Essen – Moving Targets sind Risiko und Chance.

Projekte haben nicht nur einen Kunden, sondern viele Stakeholder (Abschn. 2.5; Abb. 4.2).

Das klassische Projektmanagement geht von der Abfolge Pflichtenheft – Lastenheft – Umsetzung bzw. Anforderungsanalyse – Spezifikation – Implementierung aus. Das Wasserfallmodell verbietet eine Modifikation der Dokumente früherer Phasen; im V-Modell (Abschn. 6.2) gelten genauere formale Kriterien für das Zurückgehen in eine frühere Phase. Gründe für eine Kurskorrektur/Modifikation können sein:

* Änderungen in den Wünschen der Auftraggeber und Projektbeteiligten,
* Ausgleich zwischen den Anforderungen im Projektdreieck,
* Festgestellte Probleme in der Umsetzung von Vorgaben.

Im Projekt liegt immer dann eine win–win-Situation vor, wenn die Kunden statt einer schwer zu erfüllenden Forderung lieber eine aus Sicht des Teams leichter zu erfüllende Forderung an das Ergebnis oder das Projekt umgesetzt haben möchten.

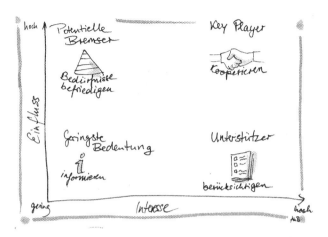

Abb. 4.2 Stakeholder

Dabei ist jedoch zu klären, ob nicht Anforderungen anderer Stakeholder negativ beeinflusst werden.

Beispiel

Bei Projekten im Rahmen von Leistungsnachweisen (credit bearing projects) ist neben dem Projektteam und den Projektkunden die vergebende/betreuende Dozentin eine wichtige Stakeholderin. Die Randbedingungen werden durch die Hochschule (Studien- und Prüfungsordnung, Modulhandbuch) gesetzt, sodass auch beispielsweise die Prüfungsämter zu Stakeholdern studentischer Projekte werden. Dies ist z. B. bei Änderungen an Aufgabenbeschreibungen und Terminen zu beachten. ◄

4.4 Projektsteuerung

Im Rahmen des Projektdreiecks ist jeder der drei Eckpunkte zu planen und zu überwachen.

Überwachung und Steuerung im Projektdreieck Die Überwachung wird erleichtert, wenn man die Schätzungen auf Arbeitspaket-Ebene durchgeführt hat und dort überwachen kann:

* Termine: Meilensteine und Dauern im Zeitplan
* Ressourcen: Kosten und Aufwände als Summe der Mittel der APs
* Qualität: Performance und Qualitätsmerkmale

Für in Arbeit befindliche Arbeitspakete (AP) kann die Schätzung angepasst werden: Die Relation zwischen den Schätzungen für das AP und den dem derzeitigen Fertigstellungsgrad entsprechenden Dauer, Kosten und Ergebnissen gibt einen Hinweis auf die noch zu erwartenden Dauer, Kosten und Ergebnisse. Dabei ist die Extrapolation nicht immer einfach oder eindeutig.

Überwachung und Anpassung von Schätzungen Die möglichst frühzeitige Anpassung von Schätzungen und das Erkennen von "Driften" ist eine wichtige Aufgabe des Projektcontrolling. Solche Schätzungen betreffen das gesamte Projektdreieck:

* Termine: Meilensteintrendanalyse
* Kosten: Mittelabflusskontrolle, Mittelfestlegung.
* Qualität: Qualitätsüberwachung: Qualitätsmerkmale des Ergebnisses

Eine Schätzung ist nichts Absolutes, sondern abhängig vom jeweiligen Informationsstand. Zur Schätzung im Projektcontrolling ist es sinnvoll, ExpertInnen (im Team oder auch außerhalb) zu befragen, welche Kosten und Dauer sie für das jeweilige Arbeitspaket annehmen (vgl. Delphi-Methode). Dabei kann man von folgenden Einflüssen ausgehen:

* Die Schätzung wird im Laufe der Zeit immer genauer, da die Information zunimmt.
* Die Schätzung wird genauer, wenn ein Teil des zu Schätzenden bereits realisiert ist; sie ist abgeschlossen, wenn das zu Schätzende abgeschlossen ist.
* Eine Schätzung gibt nicht nur einen wahrscheinlichsten Wert, sondern ein Intervall, in dem der Wert mit einer gewissen Plausibilität liegen wird.
* Eine Schätzung kann nicht aussagekräftiger sein als die Definition und die Messmethode für die zu schätzende Größe.

Eine Schätzung (Prognose) sollte immer mit einem Intervall angegeben werden. Dafür bieten sich die folgenden Prinzipien an:

- Grenzen: Es wird zusätzlich zum Schätzwert direkt eine obere und untere Grenze geschätzt.
- Standardabweichung: Es wird zusätzlich zum Mittelwert die Standardabweichung geschätzt und das Intervall aus dem Mittelwert zuzüglich/abzüglich eines entsprechenden Vielfachen der Standardabweichung bestimmt.
- Quantile: Es werden zu gegebenen Irrtumswahrscheinlichkeiten Wahrscheinlichkeitsbereiche geschätzt.

Jede Schätzung legt nun einen Schätzkorridor fest, in dem sich der zu schätzende Wert bewegen wird. Es ist wichtig, die Schätzungen und die Schätzintervalle zu aktualisieren und die notwendigen Konsequenzen zu ziehen.

➤ Im Rahmen des Projektdreiecks ist jeder der drei Punkte Objekt von Steuerungsmaßnahmen.

- Termine: Terminanpassung
- Ressourcen: Erhöhung der Mittel, Hinzunahme von Mitarbeitern, Fremdvergabe
- Qualität: Anpassung von Ergebnisniveau und Qualitätsmerkmalen

➤ **Projektsteuerung** Ungleichgewichte im Projektdreieck können verschiedene Ursachen haben, und erfordern deshalb verschiedene Maßnahmen. Ursachen und Maßnahmen können Zeit- und Ressourcenverbrauch und den aktuellen oder zu erwartenden Erfüllungsgrad (Qualität) betreffen.

Die Steuerung sollte möglichst frühzeitig erfolgen. Basis dafür sind die einzelnen abgearbeiteten und in Arbeit befindlichen Arbeitspakete und die auf allen Informationen basierenden Schätzungen für

- Termine: Meilensteine und AP-Dauern im Netzplan
- Kosten: Mittel als Summe der Mittel der APs
- Qualität: Performance und Qualitätsmerkmale

Eingriffe müssen die Auswirkungen auf andere Ecken des Projektdreiecks berücksichtigen und bestehen im Allgemeinen aus einer

Kombination von Änderungen in Termin, Ressourcenausstattung, Durchführungsplanung und qualitativen und quantitativen Änderungen in den angestrebten Ergebnissen.

Fazit

Eine erfolgreiche Durchführung und Steuerung baut auf einer guten Planung auf. Zentral ist auch hier, das Gesamtziel im Auge zu behalten. ◄

Projektabschluss

5

Ergebnisse zählen – und diese werden erst durch einen guten Projektabschluss wirksam. Auch wenn dieser Abschluss in meist ungeliebter Papierarbeit besteht, er ist für den Erfolg essentiell.

5.1 Abschlussarbeiten und Ergebnissicherung

Der Projektabschluss ist nicht nur die formale Beendigung des Projekts, er ist die Bedingung dafür, dass das Projekt im Sinne seiner Zielsetzung und Vision erfolgreich ist (Abb. 5.1).
Dazu gehört:

- Die Dokumentation und Umsetzung der Ergebnisse: Projektergebnisse müssen festgehalten werden und ihre Verwendung muss sichergestellt werden (Abschn. 8.4)
- Die Kommunikation: Projektergebnisse müssen gegenüber den Stakeholdern kommuniziert werden. Dies kann ein interner Bericht, Dokumentation auf geeigneten Servern oder aber ein Pressebericht für die Öffentlichkeit sein.
- Der Projektabschluss bezüglich Finanzen, Kosten und Gewinn, Personal (Beurteilungen) und Material (Weiterverwendung). Im Hochschulprojekt auch die Notenvergabe.
- Die Dokumentation der Lessons Learned für die Personen, das Team und die Organisation. Beitrag zum KVP (kontinuierlichen Verbesserungsprozess) auf Ebene des Teams und der Organisation (Lehrveranstaltung, Studiengang, Hochschule, Stakeholder).

© Der/die Autor(en), exklusiv lizenziert durch Springer Fachmedien Wiesbaden GmbH, ein Teil von Springer Nature 2020
A. Beifuss und U. Holzbaur, *Projektmanagement für Studierende*, essentials, https://doi.org/10.1007/978-3-658-32664-7_5

Abb. 5.1 Projektabschluss

- Die Planung der personellen Weiterentwicklung für das Team (als Personen und als Gruppe)
- Die Planung und Initiierung von Folgeprojekten.

5.2   Bedenke das Ende

Wir hatten in Abschn. 2.2 die Vision als zentralen Punkt der Zielsetzung erwähnt. Zum Abschluss zeigt sich, ob diese Vision erreichbar ist. Der Abschluss ist der Punkt, auf den wir im Projekt hinarbeiten und für den wir das Projekt planen. Man sollte das ganze Projekt vom Abschluss her denken und planen und sich vorher überlegen, was später auf dem „Grabstein" bzw. in der Zeitung stehen soll (Abb. 5.2).

Abb. 5.2 Projekte vom
Ende her denken

Fazit

Für einen erfolgreichen Projektabschluss sind die Dokumentationen und personelle Überlegungen wichtig.◄

Teil II
Spezielle Projekttypen

▶ Im Folgenden betrachten wir einige Projekttypen, denen Sie als Studierende öfters begegnen werden und zeigen deren Spezifika nach Anlass und nach Methode auf.

Typische Aspekte und Situationen, die mit der Projektmethode angegangen werden können:
- Studium als Ganzes
- Private oder hochschulspezifische Aufgaben
- Veranstaltungen
- Lehr-Projekte im Rahmen einer Lehrveranstaltung
- Abschlussarbeiten
- Prüfungen und Vorträge

Projekttypen im Studium

Lehrveranstaltungsprojekte

6

▷ Der Einsatz von Projekten als Mittel der Lehre hat sich inzwischen an allen Hochschultypen etabliert und ist neben den zu erzielenden Ergebnissen auch ein Beitrag zu Methodenkompetenz, Persönlichkeitsbildung und Realitätsnähe (Abb. 6.1).

6.1 Ziel: Vision und Deliverable Items (Produkt)

Im Rahmen von Lehrprojekten bezieht sich das Ziel zum einen auf den Projekterfolg und die zu erreichende Note, zum anderen auf das Ergebnis für die Stakeholder. Aus sicht der Lehrenden stehen doch weitere Ziele im Fokus: Vertiefung und Reflexion von Wissen und Methoden, Persönlichkeitsbildung, Umgang mit realen Problemen und Stakeholdern, Reduktion des Praxisschocks.

Die im Rahmen des Projekts zu erstellenden und als Leistungsnachweis abzuliefernden Objekte sind rechtzeitig festzulegen. Deliverables können sein:

- Projektergebnisse (= Ziel des Projekts): Produkt, Prototyp, Buch, Broschüre, Faltblatt, Poster, Publikation, Event und zugehörige Projektdokumentation (Beschreibung, Herleitung und Begründung des Projektergebnisses)
- Projektmanagementdokumentation (Projektplan und Controlling, Projektberichte) und Dokumentation der Projektzwischenergebnisse (Anforderungsanalyse, Spezifikationen, Entwürfe, Testprotokolle)
- Erhobene Daten und Messungen (Messprotokolle, erfasste Daten, Auswertungen)
- Presseberichte des Projektteams und der Partner.

A. Beifuss und U. Holzbaur, *Projektmanagement für Studierende,* essentials, https://doi.org/10.1007/978-3-658-32664-7_6

Abb. 6.1 Lernen durch
Projekte

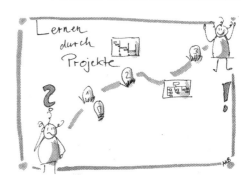

Tab. 6.1 Lehrprojekte

Projektaspekt	Ziel	Kriterien
Forschungsorientiert	Forschungsaufgabe	Wissenschaftliches Arbeiten Kap. 7
Lehrorientiert	Stoffvermittlung, Erkenntnisprozess	Stoffbeherrschung, evtl. auch Prüfung Kap. 10
Ergebnisorientiert	Entwicklung und Umsetzung (Produkt, Konzept, Event …)	Ergebnis und systematische Herleitung Kap. 8
Transformativ	Veränderungsprozesse	Ergebnis und systematische Entwicklung (siehe Holzbaur et al. 2010; Holzbaur 2020)

6.2   Vielfalt der Lehrprojekte

Ziele und Inhalte von Lehrprojekten sind vielfältig (Tab. 6.1). Durch den Bologna-Prozess sind Lernprojekte im Allgemeinen gut im Studium integriert.

6.3   Vorbereitete Projekte

Die Hochschule Aalen wendet seit Jahren die Prepared Project Methode (PPM) zur Vermittlung von Projektmanagement an. Die Studierenden der Wirtschaftswissenschaften erhalten vorbereitete kalkulierte Projekte, die Problem- oder Fragestellung für Stakeholder beantworten sollen. Die Projektmethode wird durch PPM (Holzbaur et al. 2010) strukturiert, lehrveranstalungsgeeignet und prüfungssicher gemacht.

Mit der PPM wird Projektmanagement in den Wirtschaftsingenieurwissenschaften als praktische Projektarbeit umgesetzt. Stakeholder der Projekte sind beispielsweise regionale Wirtschaftsunternehmen, Behörden, Vereine, Arbeitskreise zu Nachhaltigkeit, Verbände etc. Damit bearbeiten die Studierenden konkrete und real existierende Aufgaben.

Methode Die Projektmethode PPM beruht auf folgenden Prinzipien:

- Einbettung des studentischen Projekts (bzw. der Portfolios) in das Metaprojekt des Lehrenden
- Zielorientierung und konkreter Nutzen für einen oder mehrere Stakeholder
- Planspielcharakter durch Erlebnisorientierung und Vorplanung.

Ziel der Methode ist es, für jede beteiligte Anspruchsgruppe einen Nutzen zu generieren. Für die Kunden ist dies das Projektergebnis, für die Lehrenden eine interessante und erfolgreiche Lehre, für die Studierenden die Erfassung des Lernstoffes und für die Hochschule die Reputation und die Projektergebnisse.

META-Projekt aus Studierendensicht Die vorbereiteten Projekt haben – von den Studierenden unbemerkt – durch die Vorbereitung den Charakter von Planspielen, deren Ablauf vorgedacht ist. Die Phasen und Aufgaben des Metaprojekts, d. h. des übergeordneten Projekts aus Sicht der Lehrenden (Abb. 6.2), sind deutlich umfangreicher als die des studentischen Projekts:

- Akquisition und Definition
- Planung
- Projektstart und Vergabe
- Begleitung und Betreuung
- Abschluss und Abgabe
- Bewertung und Benotung
- Ergebnissicherung und Folgeprojekte

Struktur von Lehrprojekten Lehrprojekte haben immer bestimmte Elemente, die sich im WBS in festen Arbeitspaketen (Abb. 6.3) widerspiegeln.

Abb. 6.2 Lehrprojekte
haben mehrere Ebenen

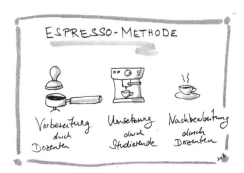

- Management: Projektmanagement (inkl. Projektcontrolling), Qualitätsmanagement, Stakeholdermanagement, Teamorganisation
- Recherche und fachspezifische Thematik (z. B. Nachhaltigkeit, Modellbildung, Marketing, Fertigung)
- D2P2: Dokumentation, Deliverables, Präsentation und Pressearbeit

Beim WBS ist zu beachten, dass die oben genannten Arbeitspakete keine operativen Projektarbeiten (Befragung, Test, …) beinhalten sollen.

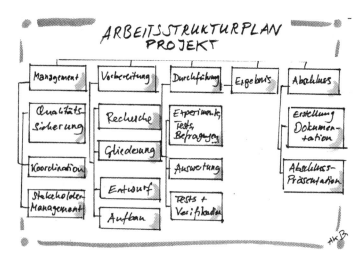

Abb. 6.3 WBS für ein lehrveranstaltungsbegleitendes Projekt

Tab. 6.2 Exemplarische Personenstunden

Art der Curricularen Einbindung	Umfang	Personenstunden (Ph)
Projekt als Leistungsnachweis	1 Person, 5 CP	150
Projekt als Leistungsnachweis	2 Personen, 10 CP	600
Vorlesungsbegleitendes Projekt	3 Personen, 5 CP, 4 SWS Präsenz	270
Lehrveranstaltungsprojekt Vorlesungsbegleitend	3 Personen, 5 CP, 2 SWS Präsenz	360
Prüfungsvorbereitung/Präsentation	1 Person, 5 CP, 10 % der Leistung	15
Bachelor-Arbeit	12 CP	360
Master-Arbeit	30 CP	900

6.4   Aufwand von Vorlesungsprojekten

In Projekten, die Lehrveranstaltungen zugeordnet sind, wird der zeitliche Aufwand durch die Modulbeschreibung festgelegt.

Durch den Bologna-Prozess wurde die früher zentrale Semesterwochenstunde (SWS), die mit sehr unterschiedlicher Arbeitsbelastung verbunden sein konnte, durch den Workload und das Maß Credit Points (CP) ersetzt. Die CP messen nun die Summe aus Präsenzzeit (SWS) und Selbst- bzw. Gruppenarbeit. Ein CP entspricht einem Workload von 25 – 30 Personenstunden.

Damit ergeben sich exemplarische Workloads gemäß Tab. 6.2

6.5   Präsentationen im Projekt

Präsentationen spielen in Lehrveranstaltungsprojekten ein wichtige Rolle, da sie meist – zumindest in der Endphase – zur Beurteilung herangezogen werden. Die ersten Präsentationen sollten von Studierenden und Lehrenden so verstanden werden, dass es vor allem auf die Klärung und Rückmeldung ankommt. Alle Präsentationen sollten so gestaltet werden, dass nicht nur das präsentierende Team, sondern alle Projektteams davon profitieren können.

Tab. 6.2: Nutzen aus den Präsentationen

	Aus der Präsentation selbst	Aus den Feedbacks insbesondere des Lehrenden
Für das präsentierende Team	Klärung durch Vorbereitung und Darstellung Positive Darstellung von Team und Projekt	Aufdecken von Fehlern Anregungen, Verbesserungsvorschläge Erkenntnis, was gut oder nicht optimal kommuniziert wurde
Für die anderen Teams	Inhalte und Parallelen Gute Beispiele und Negativbeispiele bezüglich Inhalt und Präsentation	Anregungen für die eigene Projektarbeit und Präsentationen Kennenlernen der Ansprühe und Kriterien des Lehrenden
Für den Lehrenden	Beurteilung des Stands des Projekts. Benotung Feedback an das Team Anlass für Erklärungen an alle Teams	Verbesserung der Leitfäden für kommende Semester

Fazit

Sie kennen nun die Bedeutung und die wichtigsten Kriterien und Methoden für die erfolgreiche Bearbeitung lehrveranstaltungsbegleitender Projekte.◄

Wissenschaftliche Arbeiten

7

> Das klassische Hochschulprojekt ist die wissenschaftliche oder zumindest wissenschaftsbasierte Arbeit (Abb. 7.1). Dabei kann es sich um eine theoretische Arbeit oder ein praxisnahes Projekt handeln. Beide können mit oder ohne externe Partner durchgeführt werden.

Es gibt nichts Praktischeres als eine gute Theorie.

Für die wissenschaftliche Arbeit gelten dieselben Prinzipien wie für andere Projekte. Da aber das Ergebnis meist in einer schriftlichen Arbeit besteht, orientiert sich die Struktur der wissenschaftlichen Arbeit an diesem Ziel (Holzbaur & Holzbaur 1998).

Dabei finden wir ein Kontinuum von Projektumfängen und Niveaus von einfachen Recherchen im Rahmen einer Lehrveranstaltung (Literaturrecherche, empirische Arbeit, Versuch, Hausarbeit) über Prüfungsarbeiten (Seminararbeit, Bachelorarbeit) bis zu länger währenden Forschungsarbeiten im Rahmen von Postgraduiertenstudien (Master, Promotion) und eigenständiger Forschung (Holzbaur et al. 2012).

© Der/die Autor(en), exklusiv lizenziert durch Springer Fachmedien Wiesbaden GmbH, ein Teil von Springer Nature 2020
A. Beifuss und U. Holzbaur, *Projektmanagement für Studierende,* essentials,
https://doi.org/10.1007/978-3-658-32664-7_7

7.1   Projekt wissenschaftliche Arbeit

Die zielgerichtete Durchführung einer wissenschaftlichen Arbeit erfordert mindestens einen Arbeitsstrukturplan und die Festlegung der wichtigsten Meilensteine. Zu Beginn der Arbeit sollte eine kurze Aufgabenbeschreibung und ein Zeitplan aufgestellt werden, der laufend überprüft wird.

Die meist knappe Zeitvorgabe für die Arbeit erfordert ein zielstrebiges Vorgehen. Gerade deshalb sollte am Anfang der Arbeit eine Orientierungsphase stehen, in der auch vorhandene Informationen (Literatur, frühere Arbeiten) gesichtet werden. Für die Überprüfung der Ergebnisse (formale Überprüfung, Tests, kritische Beurteilung, Verifikation und Validierung) und für die Dokumentation ist genügend Zeit einzuplanen. Um das "Weglaufen" der Zeit in den Griff zu bekommen, kann man die Methoden des Projektmanagements zu Hilfe nehmen.

Nur durch ein konsequentes Projektmanagement kann eine wissenschaftliche Arbeit im Projektdreieck aus Qualität, Ressourcen und Terminen erfolgreich durchgeführt werden.

Abb. 7.1 Forschung ist der Kern wissenschaftlicher Arbeit

Bei der Durchführung wissenschaftlicher Arbeiten sind zwei wichtige Aspekte zu beachten:

- der inhaltliche Aspekt wissenschaftlichen Vorgehens
- der organisatorische Aspekt des Projektmanagements

Phasenkonzepte wissenschaftlicher Arbeit Die einfachste Gliederungsmöglichkeit für Projekte sind Phasenkonzepte und damit verbundene Meilensteine. Tab. 7.1 stellt ein einfaches Phasenkonzept vor:

Terminplan für eine Abschlussarbeit

- Klärung, ob Thema/BetreuerIn verfügbar ist
- Beginn der Einarbeitung in das Thema
- Start Literaturbeschaffung, Gerätebeschaffung
- Klärung von Thema, Inhalt, Zielen und Umfang
- Endgültige Vergabe der Aufgabenstellung durch BetreuerIn
- Formale Anmeldung der Arbeit
- Vorstellung im Forschungsseminar
- Endgültige Festlegung von Inhalt, Umfang und Ergebnissen
- Ergebnisse fertig zur abschließenden Verifikation
- Hauptvortrag im Forschungsseminar
- Inhaltliche Fertigstellung
- Text fertig/druckfertig
- inoffizieller Abgabetermin

Tab. 7.1 Phasen wissenschaftlicher Arbeit

Festlegung des Themenbereichs
Literatur- und Materialsuche und Auswertung
Festlegung Thema und Problemstellung: Welche Frage soll beantwortet werden?
Festlegung der Methode: Wie soll die Forschungsfrage bearbeitet werden?
Bearbeitung
Test, Verifikation und Validierung
Dokumentation und Publikation

Tab. 7.2 Zeitplan

Schritt	Beginn	Ende
Themenvergabe und Anmeldung (je nach Formalien)	−2	0
Thema und Problemstellung	−1	3
Literatur- und Materialsuche	0	4
Literatur- und Materialauswertung	3	4
Ausarbeitung Rohentwurf	4	11
Bearbeitung	5	11
Weitere Literatur	11	13
Ausarbeitung	13	15
Korrektur, Überprüfung (Inhalt, Formalien)	14	15
Druck und Binden (und Puffer)	15	16
Abgabe		17

- offizieller Abgabetermin (Frist gemäß Studien- und Prüfungsordnung)
- Gutachten/Note fertig◄

Zeitplanung Der Zeitplan für eine wissenschaftliche Arbeit wird wie in Tab. 7.2 sinnvollerweise in Kalenderwochen ausgeführt und gibt für jeden Meilenstein den geplanten Termin an (hier am Beispiel einer Arbeit mit 4 Monaten).

▶ Die wissenschaftliche Arbeit muss als Projekt geplant werden. Meilensteine zur Synchronisierung mit dem Betreuer bzw. den Forschungspartnern und für die abschließende Dokumentation und Publikation sind wichtig.

7.2   Wissenschaftliche Arbeitstechnik

Wissenschaftliche Arbeitstechniken werden in vielen anderen Werken und häufig auch in Lehrveranstaltungen umfassend behandelt. Hier deshalb nur ein paar für die Projektplanung wichtige Hinweise in Form von Zitaten und kurzen Bemerkungen.

Wer nicht weiß, wo er hinwill, wird auch nicht ankommen.

Zu Beginn einer Arbeit sollte der Autor einer Arbeit überlegen, was das Ergebnis der Arbeit sein soll (Vision) und was er im Rahmen dieser Arbeit tun will (Mission). Dies kann er fixieren, indem er den Titel festlegt, eine Einleitung und eine vorläufige Gliederung der Tätigkeit und/oder des Endergebnisses schreibt. Daraus ergibt sich dann der Forschungsplan (research proposal) und der Arbeitsstrukturplan.

Auf den Schultern von Riesen stehen

Der Verfasser einer wissenschaftlichen Arbeit muss sich einen Überblick über die Literatur zu dem von ihm bearbeiteten Gebiet beschaffen. Dies gilt für alle Arbeiten, da eine Arbeit immer eine Vertiefung gegenüber dem im Studium gelernten und in der Praxis gesehenen erfordert.

Literaturarbeit ist ein wichtiges Arbeitspaket jeder wissenschaftlichen Arbeit. Aus der beschafften Literatur allein folgt allerdings noch keine wissenschaftliche Arbeit. Die einzelnen Literaturstellen müssen aufbereitet werden. Dabei ist nicht nur der Inhalt zu analysieren und zusammenzufassen, der Bearbeiter muss den Inhalt auch kritisch prüfen und gegebenenfalls in der zitierten Literatur nachlesen (wichtig für die Zeitplanung). Eine Voraussetzung, die in der Originalliteratur vielleicht bei den allgemeinen Axiomen steht, kann die ganze eigene Arbeit gefährden. Nach dem Durcharbeiten sollte das Gelesene so dokumentiert werden, dass man später auch darauf zugreifen kann.

▶ **Zitate und Literaturhinweise dienen zwei Zwecken**

- der intellektuellen Redlichkeit (Urheberschaft von Ideen und Formulierungen)
- der Argumentation (Basis oder Unterstützung der vorgestellten Überlegungen)

What's in a name? That which we call a rose by any other name would smell as sweet (Shakespeare)

Beim Studium der Literatur werden wissenschaftlich Arbeitende häufig auf das Phänomen stoßen, dass ähnliche Konzepte und Begriffe von verschiedenen Autoren verschieden bezeichnet werden, oder umgekehrt, dass dieselbe Bezeichnung (Benennung) für verschiedene Begriffe verwendet wird.

Dies ist insbesondere dann zu beachten, wenn aus verschiedenen Sprachen oder Bereichen der Wissenschaft vorhandene Publikationen aufbereitet werden.

Die Entscheidung, eine bestimmte Bezeichnung zu nutzen, sollte entsprechend klar und argumentativ begründet sein.

Modelle: übertragbare Modelle für die gegebene Aufgabe

Das Ergebnis einer Arbeit sollte hinreichend allgemein formuliert werden. Es sollte so allgemein beschrieben werden, dass es auch für andere verständlich und nutzbar und auf andere Probleme übertragbar ist. Dies erfordert eine eigene Konsolidierungsphase.

▶ Wissenschaftliches Arbeiten ist modellbasiertes Arbeiten.

Hypothesen in Wissenschaft und Statistik Ein wichtiger Aspekt wissenschaftlichen Arbeitens ist das Aufstellen und Testen von Modellen und Hypothesen. Gerade das Überprüfen ist aufwendig (Ressourcen) und zeitraubend (Terminplan). Dieser Aspekt wird insbesondere dort immens wichtig, wo mit statistischen Daten Aussagen getroffen werden sollen. Auf die statistischen Tests soll hier nicht eingegangen werden, wir wollen hier nur auf die Begriffe des Fehlers 1. und 2. Art hinweisen.

▶ **Definition** Fehler erster Art: Die Hypothese wird fälschlicherweise akzeptiert. Ein nicht vorhandener Effekt wird fälschlicherweise statistisch nachgewiesen. Fehler zweiter Art: Die Hypothese wird fälschlicherweise abgelehnt. Der Effekt ist vorhanden, der Test ist aber zu schwach, um ihn statistisch nachzuweisen. Für die genauen Zusammenhänge und die Berechnung der Fehler 1. und 2. Art sei auf die Literatur zur Statistik verwiesen. Die Abb. 7.2 stellt die möglichen Fehler bei Entscheidungen gegenüber.

Voraussetzung für den verantwortlichen Umgang mit der Statistik sind fundierte Kenntnisse. Dies gilt sowohl für die schließende Statistik, die aufgrund von Test Entscheidungen trifft, als auch für die deskriptive Statistik, wo vorhandene Daten aufbereitet werden.

Es genügt nicht, dass irgendein Test, der zufällig auf dem Computer implementiert ist, genau die richtige Anzahl von Daten brauchen kann. Der Missbrauch statistischer Verfahren – etwa durch mehrfache Wiederholung eines Tests – ist Betrug. Die Voraussetzungen der Tests sind jeweils genau zu beachten.

Verifikation und Validierung: ist das Ergebnis korrekt und wahr?

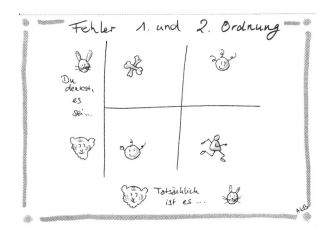

Abb. 7.2 Fehler erster und zweiter Art bei der Jagd

❧ Definition

Verifikation   formale Konsistenz – Korrektheit Syntax
Validierung   korrekter Realitätsbezug – Wahrheit Semantik

Die Überprüfung der Korrektheit der Ergebnisse ist ein wesentlicher Teil der Wissenschaft. (Abb. 7.3) Diese Aufgaben muss jede wissenschaftliche Arbeit abschließen und auch in den Teilphasen bezüglich der Teilergebnisse durchgeführt werden. Zumindest ist aber die formale und interne Konsistenz der Ergebnisse möglichst umfassend zu prüfen. Dazu bieten sich formale Verfahren und informelle Verfahren wie Reviews und Vorträge an.

Die Korrektheit eines Ergebnisses (Semantik) ist noch schwerer zu überprüfen als seine formale Konsistenz (Syntax). Der Satz „Der König von Frankreich ist kahlköpfig." ist beispielsweise syntaktisch einwandfrei und formal konsistent, aber semantisch (da Frankreich derzeit keinen König hat) inkorrekt (vgl. Russell). Hier kann man das Vertrauen in die Ergebnisse erhöhen, indem man die

Abb. 7.3 Korrektheit
(Formalien) und Wahrheit
(Realitätsbezug)

- Korrektheit der Schlüsse (Logik, Modelle, Begriffe)
- Korrektheit der Daten (Plausibilitätsprüfung, Quellen, Dimensionen)
- Zulässigkeit der Verfahren (Statistik, Messungen, Modelle)

überprüft.

Eine andere Methode, Vertrauen in die Aussagekraft und die Korrektheit (Gültigkeit) der Ergebnisse zu bekommen, ist der Versuch der Falsifikation. Dazu wird versucht, das Modell zu falsifizieren, d. h. es als falsch nachzuweisen. Ein solcher Test kann sein:

- Anwendung von Modellen auf Probleme und Situationen, für die sie nicht hergeleitet wurden.
- Anwendung von Methoden auf Situationen und Daten, für die sie nicht hergeleitet wurden.
- Anwendung von Prognosemethoden auf vergangene Daten.
- Anwendung auf Extremfälle und Grenzfälle.

Jeder erfolgreich bestandene Test ist ein weiterer Hinweis auf seine Brauchbarkeit. Er ist aber kein Beweis für die Richtigkeit des Ergebnisses:

▶   Wenn die Theorie etwas Falsches vorhersagt, ist sie falsch. Wenn die
      Theorie etwas Richtiges vorhersagt, ist sie für diesen Fall brauchbar.

Die Falsifizierung zeigt die Grenzen des Ergebnisses auf. Ob ein Ergebnis falsifizierbar ist, hängt auch vom betrachteten Bereich (Gültigkeitsgrenzen) ab.

Beispiel

Die Plausibilität der Aussage „Jede ungerade Zahl ist Primzahl" wird durch 3, 5, und 7 gestärkt. Das Gegenbeispiel 9 falsifiziert diese Aussage, auch wenn 11 und 13 wieder Primzahlen sind.◄

7.3 Publikation

▻ **Wissenschaft heißt Wissenschaft, weil sie Wissen schafft** Publikationen – in jeder Form – sind das Herz der Wissenschaft, weil sie zum Schaffen von allgemeinem Wissen beitragen.

Dokumentation und Formulierung

Da die Dokumentation (einschließlich des Vortrags) im Allgemeinen das Einzige ist, was Externe wahrnehmen, ist sie der Maßstab für die Qualität der Arbeit und für den Beitrag zum Fortschritt von Wissenschaft und Technik. Deshalb sollte sie nicht nur als lästige Pflicht gesehen werden.

Die Dokumentation der Konzepte und Ergebnisse müssen während der gesamten Arbeit erfolgen, nicht nur am Ende. In der Schlussphase wird die Arbeit so dokumentiert, dass sie ohne weiteren Aufwand für Dritte verständlich ist. In dieser Phase kann man sehr viel Zeit verlieren, wenn Resultate oder Zitate nicht systematisch dokumentiert wurden.

Wer schreibt, bleibt.

Die schriftliche Ausarbeitung ist die Dokumentation des in der Arbeit geleisteten und die Basis für die Bewertung der Arbeit. Erstellung und Aufbau der schriftlichen Arbeit richten sich nach den Vorgaben der jeweiligen Prüfungsordnung und des Prüfers bzw. den Richtlinien der Herausgeber bzw. des Verlags bei Zeitschriftenbeiträgen, Buchreihen und Beiträgen zu Sammelbänden.

Horror vacui

Das Ausformulieren der Texte für die schriftliche Arbeit ist eine wesentliche Aufgabe der Schlussphase. Viele junge Akademiker tun sich damit schwer, selbst

Abb. 7.4 Horror vacui

wenn sie sonst sehr eloquent sind. Am schwierigsten ist der Anfang, die Angst vor dem leeren Blatt (Abb. 7.4).

Eine mögliche Hilfestellung ist, die Inhalte, die man vermitteln will, einem Dritten zu erzählen. Dies hilft, die Gedanken beim Sprechen zu strukturieren und die Scheu zu überwinden (vgl. Kleist 1878). Häufig kann man Studierende durch die Frage „Was wollen Sie nun aussagen?" dazu bringen, das Ganze in eigene Worte zu fassen. Mit dem Hinweis „Und nun schreiben Sie das auf, was Sie mir gerade gesagt haben" beginnt dann eine erfolgreiche Dokumentation.

Meist hilft für den Anfang auch eine Stichwortsammlung (in grafischer Form aufbereitet beispielsweise als Matrix, Spinnennetz, Mind-Map, Landschaft oder Liste) oder das Beginnen mit dem Schlusssatz.

Form follows function.

Die schriftliche Arbeit soll den Inhalt und die Ergebnisse (nicht notwendigerweise den Ablauf) der wissenschaftlichen Untersuchungen so darstellen, dass sie auch ein nicht an der Arbeit Beteiligter verstehen kann. Damit legt die schriftliche Arbeit auch die Basis für Folgearbeiten.

Bei der Erstellung der schriftlichen Arbeit müssen die potentiellen LeserInnen im Auge behalten werden. Es empfiehlt sich, die fertige Arbeit von einem oder mehreren Unbeteiligten durchlesen zu lassen, um zu prüfen, ob der Text verständlich, logisch konsequent und nachvollziehbar ist.

Fazit

Die Erstellung jeder Art von schriftlichen Dokumenten ist ein Projekt. ◄

Entwicklungsprojekte 8

▷ Entwicklung bedeutet: Es soll etwas Neues entstehen (Abb. 8.1). Häufig wird in vorlesungsbegleitenden Projekten etwas entwickelt: ein Produkt, eine Software, ein Konzept, …

Alle Projekte zielen darauf ab, ein Ergebnis zu produzieren. Deshalb sind die Methoden der Produktentwicklung auf fast alle Projekte übertragbar. Im engeren Sinne bezieht sich die Entwicklung auf die Entwicklung eines Produkts bzw. je nach Projekt-Scope eines Prototypen oder eines Konzepts. Entwicklungsmethoden können aber genauso für die Entwicklung von Unterrichtseinheiten oder Events angewandt werden. Für eine ausführliche Darstellung verwiesen wir auf (Holzbaur 2007).

8.1   Entwicklungsphasen

Die Produktentwicklung gliedert sich in Phasen, die linear (Wasserfallmodell) oder zyklisch durchlaufen werden:

- Anforderungsanalyse
- Spezifikation
- Entwurfsphasen
- Implementierung
- Validierung und Verifikation

© Der/die Autor(en), exklusiv lizenziert durch Springer Fachmedien Wiesbaden GmbH, ein Teil von Springer Nature 2020
A. Beifuss und U. Holzbaur, *Projektmanagement für Studierende,* essentials,
https://doi.org/10.1007/978-3-658-32664-7_8

Abb. 8.1 Produktentwicklung ist omnipräsent

Stakeholder und Anforderungsanalyse Wichtig ist die Erfassung aller Anforderungen an das Ergebnis. Dazu müssen die unterschiedlichen Stakeholder (Abschn. 2.3) und andere Quellen von Ansprüchen identifiziert werden: Anforderungen kommen vom Kunden, aber auch aus Gesetzen und Normen.

Die   Anforderungen (Anforderungsliste,   Requirements,   Pflichtenheft Abschn. 2.4) legen fest, WAS das Produkt zu leisten hat bzw. welche Anforderungen gestellt werden.

Spezifikation Die Spezifikation setzt die Anforderungen in ein Lösungskonzept um. Die Spezifikation (Lastenheft, Systemspezifikation) beschreibt die Eigenschaften des zu entwickelnden Produkts.

Entwurfsphasen Im Entwurf werden die Eigenschaften nun systematisch konkretisiert und durch eine Reihe von Entwurfsentscheidungen auf eine eindeutige Beschreibung des Ergebnisses umgesetzt.

Implementierung In der Implementierungsphase wird das durch den Entwurf beschriebene Produkt realisiert.

Validierung und Verifikation Durch Tests und Verfahren der Validierung und Verifikation wird überprüft, ob das Produkt den Anforderungen entspricht.

8.2 V-Modell

Im V-Modell (Boehm 1981) werden den Phasen der Entwicklung entsprechende Phasen der Überprüfung gegenübergestellt (Abb. 8.2).

Das in der Implementierungsphase erstellt Produkt wird auf unterschiedlichen Ebenen geprüft:

- Gegenüber dem Entwurf durch geeignete Test- und Prüf-Verfahren: Hat das Produkt die im Entwurf beschriebenen Eigenschaften? Stimmen die im Entwurf festgeschriebenen Werte und Parameter?
- Gegenüber der Spezifikation durch die Verifikation: Hat das Produkt die in der Spezifikation beschriebenen Eigenschaften?
- Gegenüber der Anforderungsanalyse durch die Validierung: Erfüllt das Produkt die gestellten Anforderungen?

Die Gegenüberstellung der Ebenen erlaubt eine systematische Validierung, aber auch ein Zurückgehen in die jeweilige Entwurfsphase, falls in einer der Überprüfungsphasen Defizite (Fehler) erkennbar werden.

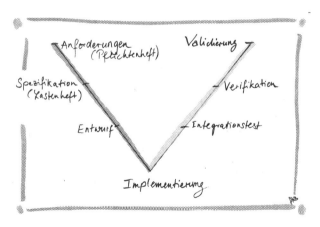

Abb. 8.2 V-Modell der Produktentwicklung

8.3   Prüfen und Testen

Ein wichtiger Aspekt von Entwicklungsprojekten ist das Testen des entwickelten Produkts. Wie im V-Modell beschrieben, wird während der Implementierung auf jeder Stufe gegenüber der entsprechenden Entwicklungsdokumentation getestet. Je nach Stufe müssen geeignete Testgeräte entwickelt oder beschafft bzw. Testumgebungen geschaffen werden.

- Bei der Entwicklung eines physischen Produkts: Beginnend mit den Einzelteilen wird jedes Teil und jede integrierte Baugruppe getestet. Niemand würde ein Auto aus allen Einzelteilen zusammenbauen und dann erwarten, dass es sofort läuft.
- Bei Software: Einzelne Funktionen und Module werden schrittweise getestet. Der Test von Software beschränkt sich nicht auf ein paar zufällig eingegebene Daten (sogenannter „Affentest"), sondern muss systematisch alle Anwendungsfälle, aber auch Grenzfälle, Sonderfälle und Falscheingaben betrachten.
- Dokumentationen und Modelle müssen auf formale Korrektheit (Syntax, Grammatik), Vollständigkeit und Widerspruchsfreiheit, Richtigkeit (Semantik, Fehlerfreiheit), Verständlichkeit und Brauchbarkeit (Pragmatik) überprüft werden. Dazu gehört das Korrekturlesen durch Dritte mit jeweils unterschiedlichen Schwerpunkten.

8.4   Dokumentation

Die Dokumentation von Entwicklungsergebnissen und des Entwicklungsprozesses ist eine wichtige Voraussetzung für die Nutzung und mögliche Weiterentwicklung des Ergebnisses. Für Studierende kann sie über den Abschluss hinaus Teil des Portfolios sein und die erreichten Ergebnisse und erworbenen Kompetenzen dokumentieren.

Für die Grundprinzipien der Dokumentation siehe Abschn. 5.1, für Projekte sind aber auch die Entwicklungsdokumente wichtig. Sie beschreiben das zu entwickelnde Produkt auf den unterschiedlichen Ebenen (Abschn. 8.2). Wichtige Dokumente sind:

- Anforderungsanalyse / Requirements / Pflichtenheft
- Spezifikation / Lastenheft
- Modulkonzepte / Entwürfe

- Implementierung
- Testspezifikationen und Testdokumentationen
- Abnahmeprotokolle
- Arbeitstrukturpläne,   Kosten-/Aufwandsdokumentatioen,   Controlling-Dokumentationen
- Änderungsnachweise, Change Management
- Risikoanalysen/ FMEA für Prozesse und Produkte

Fazit

Um im Studium erfolgreich zu sein, muss man Entwicklungsprojekte aller Art von der Stakeholder- und Anforderungsanalyse bis zur Verifikation und Validierung systematisch planen und umsetzen. Die Dokumentation ist für Projekterfolg und Benotung, aber auch als Leistungsnachweis wichtig.◄

Präsentationen und andere Events 9

▶ Events sind im Studium weit verbreitet. Die Spanne reicht von den informellen Festen über die Organisation von Workshops oder Events bis hin zur Eventorganisation oder Präsentation als Prüfungsleistung (Abb. 9.1).

▶ Nicht nur die Party – auch Workshops und Präsentationen sind Events.

Wer die Begriffe Student und Event hört, mag zunächst an Feiern und Partys denken. Veranstaltungen aller Art sind aber im Laufe des Studiums wichtig und die geplante Inszenierung eines Events kann die Note einer Projektpräsentation genauso verbessern wie die Chancen einer Veranstaltung bei Sponsoren oder Hochschulmitgliedern.

Eine gute Präsentation IST ein Event. Auf jeden Fall kann eine Präsentation viel vom Eventmanagement lernen.

9.1 Hochschulveranstaltungen

An Hochschulen gibt es viele unterschiedliche Veranstaltungen, in deren Organisation Studierende eingebunden sind und während derer sie sich beweisen können.

© Der/die Autor(en), exklusiv lizenziert durch Springer Fachmedien Wiesbaden GmbH, ein Teil von Springer Nature 2020
A. Beifuss und U. Holzbaur, *Projektmanagement für Studierende,* essentials,
https://doi.org/10.1007/978-3-658-32664-7_9

Abb. 9.1 Präsentationen als Start und Ende oder Selbstzweck

Von der Party bis zur Messe Events sind erlebnisorientierte Veranstaltungen. Ein Erfolgsfaktor ist die Einbindung und Aktivierung der Teilnehmer, d. h. aus den passiven Besuchern werden aktiv Mitwirkende, die das Event positiv erleben.

Wirtschafts-Kontakt-Messe

Kontakt-Messen bringen Studierende und Anbieter aus der Wirtschaft zusammen. Sie sind inzwischen an vielen Hochschulen üblich (WiMa Ulm, Aalener Industrie-Messe, …). Die von Studierenden mit Unterstützung der Hochschule gemeinsam organisierte Ausstellung von Firmen, die Praktika und Stellen anbieten, leben davon, dass sich Besucher und Aussteller im Gespräch treffen.

Während am Anfang (Anschub, erstes Jahr) das Problem der kritischen Masse besteht, da eine Mindestteilnehmerzahl an Anbietern und Besuchern notwendig ist, um die Messe attraktiv zu machen, hat eine erfolgreiche Messe später das Problem der Größe (Räume, Organisation).◄

Von der Präsentation zur Tagung Workshops und Tagungen sind ein wichtiges Element der wissenschaftlichen Arbeit und bedeutende Events für Hochschulen und Hochschulmitglieder.

Eine relevante Komponente von Tagungen stellt die Kommunikation der Teilnehmer untereinander und mit anderen Personen aus Wissenschaft, Gesellschaft, Wirtschaft und Politik dar. Das Begleitprogramm einer Tagung ist nicht nur Beschäftigung für die Begleitpersonen, sondern dient der Netzwerkbildung und Kommunikation. Attraktive Punkte im Rahmenprogramm sollten in das Programm integriert werden, um nicht in Konkurrenz zum Vortragsprogramm zu stehen.

Studentische Zukunftswerkstätten

In jedem Semester wählen sich die Studierenden der Lehrveranstaltung „Qualitätsmanagement" ein Thema aus und organisieren dazu einen Workshop.

Themen sind solche, die die Studierenden betreffen: von Qualität von Studium und Betrieb und Engagement von Studierenden und Lehrenden bis zu Mensa oder dem Öffentlichen Personennahverkehr werden Themen in geeigneten Formaten (Zukunftswerkstatt, Open Space) besprochen. Das Organisationsteam legt Termin und Teilnehmerkreis fest und lädt ein. Es plant und dokumentiert die Veranstaltung und sorgt für die Ergebnissicherung (Liste der Maßnahmen, E-Mails an alle Akteure).

Besonders bewährt hat sich eine Kurzform der Zukunftswerkstatt, die von der Sammlung von Verbesserungswünschen (statt Kritik) über die Visions- und Konkretisierungs-Phase mit einer abschließenden Projektphase mit klaren Zuordnungen, sprich: „Wer macht was bis wann?" endet.◄

9.2 Eventmanagement

Die Organisation von Events basiert auf zwei Säulen:

1. Die Veranstaltung sicher und stabil zu organisieren,
2. Die Veranstaltung zu einem besonderem Erlebnis zu machen.

Wann ist ein Event ein Event? Wichtige Faktoren dabei sind (vgl. Holzbaur et al. 2010 und Abb. 9.2):

- Planung und Inszenierung des Events aus Sicht der BesucherInnen
- Berücksichtigung der Sicherheit, Vermeidung von negativen Eindrücken

Abb. 9.2 Eventmanagement Phasen

- Aktivierung und die Rückkopplung zwischen positiver Einstellung und aktiver Teilnahme
- Planung der Vielfalt von Symbolen und Sinneseindrücken
- Planung und Steuerung der Anzahl und Zusammensetzung der TeilnehmerInnen
- Integration der Vorbereitung, Anreise und des zeitlichen Vorlaufs in das Event
- Berücksichtigung der kulturellen Einstellungen und Werte der BesucherInnen und Stakeholder
- Presse- und Öffentlichkeitsarbeit zur Erfolgssicherung

Liste für Eilige Die folgende Liste soll als „Rezept" zur erfolgreichen Planung von Events dienen:

- Besorgen Sie sich einige Blätter Papier und einen Bleistift.
- Machen Sie sich klar, was Ihre Ziele und die der Organisation sind.
- Notieren Sie Ihre Ziele: Was will ich erreichen?
- Notieren Sie Zielgruppen Ihres Events: Was für wen?
- Notieren Sie Ihr Konzept und Event-Highlights, die Ihnen wichtig sind: Wo ist der Clou?

Tab. 9.1 Grundlegende Checkliste Eventplanung nach (Holzbaur et al. 2010)

Grundkonzeption Event	Ergebnis	Ok
Grundidee (Event, Zeit)		
Start-Team		
Phasenplan		
Ziele des Events		
Erfolgsfaktoren		
Größenordnung		
Konzeption des Eventverlaufs		
Grundidee und Verantwortung		
Projektplanung		
Zeitplanung		
Strategie und Marketing		
Ressourcen und Kosten		
Logistik		
Randbedingungen		
Risiko und Sicherheit		
Informationsbeschaffung		
Fortschreibung der Planung		

- Gehen Sie die Phasen und Meilensteine durch, legen Sie die Entscheidungstermine grob fest.
- Besprechen Sie Konzeption und Planung mit Ihrem Team – und das ab jetzt regelmäßig.
- Notieren Sie das Projektdreieck für das gesamte Projekt „Planung + Durchführung + Abwicklung".
- Halten Sie die wichtigsten Parameter (Name, Ort, Zeit) schriftlich fest.
- Erstellen Sie eine Liste der Ziele aus Sicht der Auftraggeber und Organisatoren und des Teams.
- Erstellen Sie einen groben Meilensteinplan und Arbeitsstrukturplan auf je einem Blatt Papier.
- Machen Sie eine kurze Pause und überlegen Sie, was Sie mit den zur Verfügung stehenden Ressourcen und der vorgegebenen Zeit erreichen können und wollen. Diskutieren Sie das mit Team und Auftraggebern.
- Bearbeiten Sie die Checkliste Tab. 9.1 zum Eventkonzept.
- Setzen Sie sich mit Ihrem Team zusammen. Diskutieren Sie Ihre Ansätze.

- Schreiben Sie Ihr Eventkonzept und den geplanten Eventablauf auf.
- Betrachten Sie den Ablauf aus verschiedenen Sichten: BesucherInnen, AkteurInnen, Personal, Presse, …
- Machen Sie sich einen detaillierten Projektplan.
- Arbeiten Sie die Projektpläne und Checklisten systematisch ab.
- Denken Sie immer daran, dass Sie mit Menschen und für Menschen arbeiten.

Sponsoren-Event

Geld liegt nicht auf der Straße und wer von Sponsoren Geld möchte, muss ihnen etwas bieten. Fundraising für ein studentisches Projekt ist ein eigenes Teilprojekt. Es spielt auch eine Rolle, ob das Team bei Veranstaltungen des Sponsors die Ergebnisse präsentieren kann. Im Rahmen des Wettbewerbs „Formula Student" konnte ein Rennteam erfolgreich Gelder akquirieren, indem man auf Veranstaltungen der Hochschule und der Sponsoren mit einem Fahrzeug präsent war und auch potentielle Sponsoren zum Probesitzen einlud – Foto inklusive.◄

An der Hochschule müssen wir verschiedene Arten der Öffentlichkeit unterscheiden. Je nach Kreis der Eingeladenen/Zugelassenen werden durch die Hochschule unterschiedliche Leistungen (Formalien, Finanzen, Sicherheit, Personal, Verantwortliche) von den Organisatoren gefordert.

- Veranstaltungen innerhalb einer Lehrveranstaltung
- Geschlossene Veranstaltungen
- Interne Veranstaltungen, beispielsweise innerhalb des Semesters oder Studiengangs
- Hochschulinterne/hochschulöffentliche Veranstaltungen
- Eingeschränkte Veranstaltungen für eingeladene Gäste
- Offene Veranstaltungen

9.3   Das perfekte Event

Nachhaltige Events hinterlassen einen lange anhaltenden positiven Eindruck bei allen Stakeholdern – und sie wirken im Sinne der Zukunftsfähigkeit.

So könnte man die umgangssprachliche Bedeutung des Wortes Nachhaltigkeit am besten mit dem Begriff Event integrieren. Der erste Teil ist aber ohnehin der Kern des Eventmanagements: Für einen lange erinnerten positiven Eindruck zu sorgen. Dazu gehören mehrere Faktoren wie die Erlebnisorientierung (Aktivierung, Positivität, Eventcharakter) und das Vermeiden von Risiken für die TeilnehmerInnen und die Gesellschaft (Auswirkungen, Pannen, Gefahren, Belastungen). Ein wichtiger Beitrag dazu ist die Berücksichtigung der gesellschaftlichen Verantwortung und Zukunftsorientierung bei der Gestaltung des Events. Damit spielt die Nachhaltige Entwicklung eine große Rolle für das Eventmanagement.

Events sind ein wichtiges Instrument der Kommunikation, das auf der emotionalen Ebene aufsetzt und damit sehr stark von der Beziehung zwischen Kunden und Veranstaltung lebt. Dies bietet große Chancen, aber auch Risiken. Gerade die Nachhaltige Entwicklung bietet hier wichtige Chancen in der Kommunikation der Organisation, aber auch Risiken bei der Nichtbeachtung wichtiger Randbedingungen. (Holzbaur 2016).

▶ Gerade bei Veranstaltungen an der Hochschule, die im Blick der Öffentlichkeit und der Hochschulmitglieder steht, sind die Aspekte Nachhaltiger Events wichtig für den Erfolg.

9.4 Präsentation als Event

Die Reihenfolge der Überlegungen für eine Präsentation muss sein (Abb. 9.3):

- Ziel: Was will ich erreichen?
- Inhalt: Was soll behandelt werden?
- Darstellung: Wie soll es vermittelt werden?

Abb. 9.3 Präsentation

- Form: Wie wird es dargestellt?
- Details: Was wird wann gebracht?

Eine alte (antike, mittelalterliche) Einteilung der Gründe, eine Rede zu halten bzw. sich anzuhören, ist auch für die strategische Positionierung einer Präsentation hilfreich (Holzbaur u. Holzbaur):

- Docere = Wissen vermitteln. Inhalts- und Wissensaspekte: alles, was dem Besucher eine Erweiterung und Ergänzung seines Weltbilds bietet. Dies können Informationen aber auch eine Vertiefung oder Prüfung des eigenen Wissens sein.
- Delectare = Freude bereiten. Beziehungs-, Genuss- und Erlebnisaspekte: alles, was der Besucher an Interaktion und Sinneseindrücken erlebt und was ihn perzeptiv genießen oder aktiv interagieren lässt. Alles was die Beziehung zwischen Redner und Zuhörer beeinflusst.
- Movere = Bewegen. Apell- und Aktivierungsaspekt: alles, was den Besucher physisch oder psychisch aktiviert und ihn dazu bewegt, etwas zu verändern. Dazu gehört auch der konkrete Beitrag zu einer Veränderung.

Das sogenannte AIDA-Modell (Abb. 9.4) kommt aus der Werbeforschung und besteht aus vier Phasen, welche die Kunden zu einer Kaufentscheidung bewegen sollen. Das Modell lässt sich ohne große Anpassung auf Präsentationen übertragen:

- Attention: Die erste Aufgabe ist es, Aufmerksamkeit zu erzeugen, also „Attention".
- Interest: Die Präsentation sollte nun so an das Publikum/die Zielgruppe angepasst sein, dass sie das Interesse derselben anregt.
- Desire: Hierbei sollte der Nutzen für das Publikum erläutert werden und erklärt werden, was die Zuhörenden von der Präsentation haben, weswegen sie dabei bleiben möchten.
- Action: Am Ende sollte deutlich gemacht werden, welche Art von Handlung aus dem Gehörten folgen sollte.

Abb. 9.4   AIDA

Fazit

Die erfolgreiche Planung und Durchführung von Präsentationen und anderen Events im Studium vereinigt Projektmanagement und die Berücksichtigung der Eventkomponenten und des Erlebnisfaktors. Bei beidem steht der Mensch im Mittelpunkt.◄

Prüfungen

▶ Prüfungen können in unterschiedlichen Formen abgenommen werden. Eine gute Vorbereitung ist aber immer der Schlüssel zum Erfolg (Abb. 10.1). Dies umfasst nicht nur das Lernen des Stoffs, sondern eine ganzheitliche Vorbereitung auf den Termin.

Wie bei jedem Projekt ist es auch bei der Prüfungsvorbereitung wichtig, das Projektdreieck zu berücksichtigen:

- Ziel: Welches Ergebnis soll erzielt werden (welche Note strebe ich als Vision angestrebt und was ist als Minimum akzeptabel?) Welche Sicherheit brauche ich? Welche Effekte will ich erzielen?
- Ressourcen: Wieviel Arbeitszeit kann ich investieren? Welche Ressourcen und Unterstützung stehen mir zur Verfügung?
- Termine: was ist die Prüfung und der Anmeldetermin? Welche Termine für die Abmeldung und welche Ausweichtermine gibt es?

10.1 Prüfungsvorbereitung

Wie bei den Events ist auch bei Prüfungen die Zeit für das, was passiert, extrem kurz im Vergleich zu der Vorbereitungszeit. Dies bedeutet, dass der Schwerpunkt in den Phasen der Vorbereitung liegt. Natürlich muss die Planung auch die gedankliche Beschäftigung mit dem Prüfungsevent selbst beinhalten – ein Aspekt, der gerne beim Lernen vernachlässigt wird.

© Der/die Autor(en), exklusiv lizenziert durch Springer Fachmedien Wiesbaden GmbH, ein Teil von Springer Nature 2020
A. Beifuss und U. Holzbaur, *Projektmanagement für Studierende*, essentials,
https://doi.org/10.1007/978-3-658-32664-7_10

Abb. 10.1 Prüfung – die
Vorbereitung machts

▷   Learn smarter – not harder. Nicht nur das Wissen, sondern auch das
      Können entscheidet über den Erfolg bei der Prüfung.

Der Erfolg bei einer Prüfung hängt erfahrungsgemäß nicht nur von der Beherr-
schung des Stoffs ab, sondern von der in der Prüfung gezeigten Problemlösungs-
kompetenz.
    Dies beeinflusst auch die Vorbereitung – den umfangreichsten Teil einer
Prüfung.

- Inhaltlich = Was muss ich können/kennen?
  - Wie sind typische Aufgaben?
  - Welche Kriterien hat der Prüfer?
  - Stoffbeherrschung und Kompetenzen
  - Kompetenz zum Lösen der in der Prüfung gestellten Aufgaben
- Persönlich = Zum richtigen Zeitpunkt reif sein für die Prüfung
  - inhaltlich
  - psychisch
- Vorbereitung auf die eigentliche Prüfung
  - Voraussichtlicher Verlauf
  - Strategien und mögliche Reaktionen in der Prüfung

Der Projektplan für das Lernen auf eine Prüfung sollte nicht nur den kurzen Zeitraum vor der Prüfung umfassen, sondern mit dem Beginn der ersten
prüfungsrelevanten Lehrveranstaltung starten.

- Mitschriebe und Zusammenfassungen
- Beachtung des Lerntyps (visuell, auditiv, textorientiert, grafisch orientiert, strukturorientiert, …)
- Sukzessives Filtern und Komprimieren bis zum – virtuellen – Spickzettel

10.2 Zeitplan

Bei der Vorbereitung auf eine Prüfung ist ein Phasenkonzept, das sich an Kapitels des Prüfungsstoffs orientiert, nur bedingt brauchbar: Das zugrunde liegende Phasenkonzept sollte wie in Tab. 10.1 mehrere Ebenen der sukzessiven Verdichtung beinhalten. Innerhalb dieser Phasen kann dann die Gliederung anhand des Stoffes erfolgen.

Prüfungsvorbereitungsplan

Tab. 10.1 Prüfungsvorbereitung

Phase	Inhalte	Zyklen	Beginn/Ende
Planung	Ziele, Termine und Aufwände planen	Setzt sich fort	
Beschaffung	Literatur, Skripte, etc. organisieren		
Lernen – Stoff erarbeiten	Skript durcharbeiten und komprimieren	Mehrfach	
Testen – Stoff prüfen	Verständnis prüfen und Aufgaben lösen		
Erholen	Bewusst Pause einplanen	Mehrfach	
Festigen – Wiederholen	Komprimierte Darstellung durcharbeiten		
Prüfung	Prüfung erfolgreich absolvieren		
Meta-Lernen	Erfahrungen (lessons learned) festhalten		
Nachbereitung	Ergebnis und Unterstützung würdigen		
	Lernunterlagen archivieren		

10.3   Präsentation als Prüfungsleistung

Jede Präsentation ist eine Prüfung – selbst wenn es weder Leistungsnachweise noch Noten gibt. Der Vortragende will etwas erreichen und wird von den Zuhörern beurteilt.

▶   Form follows function.

Eine Präsentation ist ein mündlicher Vortrag unterstützt durch weitere Medien. Das Wichtigste ist also der oder die Präsentierende und das Präsentierte. Hilfsmittel können Objekte aller Art sein: Anschauungsobjekte, Poster, Tafelanschrieb, Musik, Präsentationsfolien. Dabei ist zu beachten, dass die Präsentation der Hilfsmittel Zeit braucht und eventuell vom Vortrag ablenkt.

Die Verteidigung

In vielen Prüfungsordnungen ist die Vorstellung der wissenschaftlichen Abschlussarbeit als wichtige Prüfung enthalten. Der Begriff „Verteidigung" sagt dabei klar, dass der Student seine Ergebnisse (Thesis) vorstellt und gegen Kritik verteidigt.

Hier geht es darum, die Erkenntnisse plausibel darzustellen, das Ergebnis zu belegen und im Vortrag Anregungen für weitere Fragen zu geben. Wer in seinem Vortrag die Zuhörer mitnimmt und gegen Ende gezielt Anregungen für Fragen einbaut, wird im Normalfall erfolgreicher sein als jemand, der nur versucht, die Besucher zu beeindrucken oder zu besänftigen.◀

Für den Vortrag ist im Allgemeinen eine Zeit vorgegeben. Als Vortragender muss man klären, ob die anschließende Diskussion bzw. die einleitende Begrüßung in die Vortragszeit mit eingerechnet ist. Je nachdem ist der Zeitplan (Tab. 10.2) zu erstellen.

Nicht nur die Vorbereitung der Präsentation, auch die Präsentation selbst ist ein kleines Projekt.

In jedem Fall ist mit den Veranstaltern vorab bzw. mit dem Moderator/der Moderatorin zu klären, ob Fragen während des Vortrags erlaubt oder erwünscht sind oder alle Fragen auf das Ende der Präsentation verschoben werden.

Tab. 10.2 Zeitplanung Projektpräsentation

Zeit (Minuten)	Termin, Aktion	Dauer (Minuten)
:00	Team aufstellen, Medien aufbauen, PC-Präsentation starten	3
:03	Ansage durch Moderator	2
:05	Präsentation	15
:20	Zusammenfassung durch Moderator, Fragen, Diskussion	5
:25	Schlusswort durch Moderator	2
:27	Medien abbauen (Pause, das nächste Team kann aufbauen)	3
:30	Ende und Start des nächsten Teams	

Fazit

Projektmanagement erfolgreich bei der Vorbereitung auf eine Prüfung einzusetzen, bedeutet nicht nur, sich den Stoff anzueignen, sondern auch in der Prüfung ein optimales Ergebnis zu erzielen. Auch jede Prüfung selbst ist ein kleines Projekt.◄

Was Sie aus diesem *essential* mitnehmen können

- Sie kennen die Bedeutung von Projekten für das Studium insgesamt und können Projektmanagement für den Erfolg im Studium und in Prüfungen umsetzen.
- Sie kennen das Projektdreieck aus Zielen, Ressourcen und Terminen, und können es strategisch einsetzen.
- Sie können durch die Analyse der Projektziele und Anforderungen aller Stakeholder den Erfolg des Projekts strategisch fundieren.
- Sie kennen die Planungstools wie den Arbeitsstrukturplan und können sie anwenden, um den Erfolg des Projekts sicherzustellen.
- Sie kennen die Bedeutung von Projekten in Forschung, Lehre und Praxis und können diese erfolgreich in Studium und im späteren Beruf einsetzen.

© Der/die Herausgeber bzw. der/die Autor(en), exklusiv lizenziert durch   93
Springer Fachmedien Wiesbaden GmbH, ein Teil von Springer Nature 2020
A. Beifuss und U. Holzbaur, *Projektmanagement für Studierende*, essentials,
https://doi.org/10.1007/978-3-658-32664-7

Literatur

Boehm, B. W. (1981). *Software engineering economics*. Englewood Cliffs: Prentice-Hall.

Fisher, R., & Scharp, A. (1998). *Führen ohne Auftrag – wie Sie Ihre Projekte im Team erfolgreich durchsetzen*. Frankfurt a. M.: Campus.

Hachtel, G., & Holzbaur, U. (2010). *Management für Ingenieure*. Wiesbaden: Vieweg.

Holzbaur, U. (2007). *Entwicklungsmanagement*. Berlin: Springer.

Holzbaur, U. (2016). *Events Nachhaltig gestalten*. Wiesbaden: Springer.

Holzbaur, U. (2020). *Nachhaltige Entwicklung*. Wiesbaden: Springer.

Holzbaur, U., Bühr, M., Dorrer, D., Kropp, A., Walter-, E., & Wenzel, T. (2017). *Die Projekt-Methode – Leitfaden zum erfolgreichen Einsatz von Projekten in der innovativen Hochschullehre*. Wiesbaden: Springer.

Holzbaur, U., & Holzbaur, M. (1998). *Die wissenschaftliche Arbeit – Leitfaden für Ingenieure, Naturwissenschaftler, Informatiker und Betriebswirte*. München: Hanser.

Holzbaur, U., Jettinger, E., Knauss, B., Moser, R., & Zeller, M. (2010). *Eventmanagement*. Berlin: Springer.

Holzbaur, U., Lategan, L., Kokt, D., & Dyason, K. (2012). *Seven imperatives for success in research*. SunMedia: Bloemfontein.

Russell, B. (1905). On denoting. *Mind, 14*, 479–549.

Schein, E. H. (2004). *Organizational culture and leadership*. New York: Wiley.

von Kleist, H. (Erstdruck 1878). Ueber die allmähliche Verfertigung der Gedanken beim Reden. *Nord und Süd 4*, 3–7.

Printed in the United States
By Bookmasters